时代楷模

2021 卷

中国关心下一代工作委员会教育中心

时代楷模发布厅◎编

河北出版传媒集团

花山文艺出版社

河北·石家庄

图书在版编目（CIP）数据

时代楷模. 2021卷 / 中国关心下一代工作委员会教育中心，时代楷模发布厅编. --石家庄：花山文艺出版社，2022.12（2023.7重印）

ISBN 978-7-5511-6589-1

Ⅰ.①时… Ⅱ.①中… ②时… Ⅲ.①人物－先进事迹－中国－现代 Ⅳ.①K820.7

中国国家版本馆CIP数据核字(2023)第017896号

编委会

主　　任：鲁天龙　孙　岭
委　　员：邸明杰　郝建国

书　　名：**时代楷模** 2021卷
　　　　　Shidai Kaimo 2021 Juan
编　　者：中国关心下一代工作委员会教育中心
　　　　　时代楷模发布厅

策　　划：曹征平　郝建国
责任编辑：王玉晓　师　佳
特约编辑：高　瞻
责任校对：齐　欣
装帧设计：陈　淼
美术编辑：胡彤亮
出版发行：花山文艺出版社（邮政编码：050061）
　　　　　（河北省石家庄市友谊北大街330号）
销售热线：0311-88643299
印　　刷：永清县晔盛亚胶印有限公司
经　　销：新华书店
开　　本：700×1000　1/16
印　　张：11.25
字　　数：100千字
版　　次：2022年12月第1版
　　　　　2023年7月第2次印刷
书　　号：ISBN 978-7-5511-6589-1
定　　价：28.00元

目　录

CONTENTS

楷模
时代
2021

福建省"漳州 110"

　　福建省"漳州 110"全称为"福建省漳州市公安局巡特警支队直属大队"，1990 年引领全国建立 110 报警服务台和快速反应机制，实现了打击犯罪、维护治安、服务群众功能的有效整合，赢得了当地党委政府的充分肯定和人民群众的高度信赖，被百姓亲切地誉为"远亲不如近邻，近邻不如漳州 110"，推动"110"成为人民警察队伍的标志性品牌。中宣部当时会同有关部门，将"漳州 110"作为全国重大典型进行宣传，在全社会引起广泛深刻影响。进入新时代，"漳州 110"认真学习习近平总书记关于公安工作系列重要论述精神，坚持党建引领，筑牢忠诚警魂，深化警务机制改革，着力打造"漳州 110"升级版，积极拓展建立网格治理"社区（乡村）110"，进一步提升打击犯罪和服务群众的整体效能，有力推进基层社会治理体系建设，不断增强人民群众获得感、幸福感、安全感。

> "
>
> 　　把每次接出警当作是处理自己家的事，群众满意是最基本的。
>
> "

　　2021 年 1 月 10 日，可能很多人还不知道，这是一个有特殊意义的日子——第一个中国人民警察节！

"漳州110"

    1·10，"中国人民警察节"是在国家层面专门为人民警察设立的节日，而"110"这3个数字，对中国每一个老百姓来说，是不管遇到困难还是危险，总能第一个想到并打通的电话，电话背后是一个个有血有肉、关键时刻能救急、危急时刻能救命的人民警察！

    接下来为大家讲述的这支队伍，就跟110有关，他们用31年的坚守、努力和奉献，护佑一方平安，为全国各地110报警服务台的开通创立了标杆，使"110"这3个数字成为深受全国老百姓信赖的品牌，他们就是福建省漳州市公安局巡特警支队直属大队，简称"漳州110"。

    他们用"敢为人先、永不止步"的探索精神不断创新机制，在交通状况日益复杂的今天依然保持了这样的记录：5分钟内到场率超过80%，10分钟内到场率基本实现100%，抢劫抢夺破案率 100%，群众满意率始终 100%。

31 年风霜如火，初心不改；31 年风雨兼程，壮志如歌。走过 31 载春秋的"漳州 110"是中国 200 万公安民警"以人民为中心、做人民的保护神"的缩影。

"警察"的前面还有"人民"二字

1990 年，福建省漳州市公安局引领全国建立 110 报警服务台和快速反应机制。7 个人、3 支枪、1 辆三轮摩托车，大家穿上迷彩服，戴上红袖标，就这样，"漳州 110"出发了。

1990 年 10 月 23 日的凌晨，一位孕妇马上要分娩，"漳州 110"接到报警后，迅速赶到现场，及时将孕妇送进医院；1990 年 11 月 24 日深夜，水泥厂的一名女工发现有陌生男子尾随，不敢独自回家，打 110 报警请求帮助，队里立即指派一名警察护送她回家。

这两次出警让很多漳州老百姓为 110 报警服务台叫好，却也让很多队员心中有些不是滋味，"警察就是要破大案的，就是要抓坏人的，这些事情怎么是我们去做呢？"

身为警察，到底应该在老百姓生活中扮演什么样的角色？"漳州 110"的民警们展开了一次大讨论："假如产妇是你妻子，你送不送？""假如女工是你妹妹，你帮不帮？"在一次次观点碰撞后，大家达成一致观点："警察"的前面还有"人民"二字，打击犯罪是警察的天职，而全心全意为人民服务是人民警察的宗旨。

1991 年 1 月 5 日，福建省漳州市的老百姓惊奇地发现，

"漳州110"竟然在电视上做起了广告。110给自己打的广告很直白："漳州市民有困难，需要得到警察帮助的均可拨打110……""远亲不如近邻，近邻不如漳州110"。从那以后，110这个救急又救命的号码迅速深入人心。街头犯罪，打架斗殴，邻里纠纷，110迅速成为漳州老百姓最信赖、拨打次数最多的电话。

1995年，"漳州110"巡警吴荣辉和队友接到报警后立即赶往一个车祸现场，看到一名群众倒在路边，伤势非常严重，额头被撞得凹了进去。"我们把他抬上三轮摩托车，我紧紧把他抱在怀里，队友开车一路向医院狂奔，最后听到医生说把他救活了时，我和队友抱头痛哭。那种从死神手里抢回生命的成就感，那种为人民服务的自豪感，是无以名状的。"

时间在变，戴着红袖标的"漳州110"24小时守护老百姓、始终坚持为人民服务的初心没有变。图侦中队队长王微讲了这样一个故事：110在巡逻的时候，一位90多岁的老奶奶拿着一张小纸条，拉着戴红袖标的民警说："孩子，你能不能帮我找找这个人，他也有跟你们一样的红袖标。"

民警一看纸条，上面写的是"漳州110"一中队吴海雄的名字。一年前，这位老人在市区迷了路，是正在巡逻的小吴把她送回了家。她拽着小吴要求他写下名字和单位，说要等她的孩子回来后当面感谢。再后来，她在路上只要看到警察，都会把纸条拿出来问："你认不认识吴海雄？"

不管是老一辈的吴荣辉，还是新时代的王微、吴海雄，令每个戴红袖标的"漳州110"队员最骄傲自豪的，是每当自己走在漳州市街头，老百姓都会对他们点头或者微笑，这些

"漳州110"

动作很简单也很朴素，但在那一刻，队员心里不只是温暖，也更加深刻地理解了"人民警察"不仅是党和国家赋予的一份神圣使命，更是一份沉甸甸的责任。

"再快一秒"的110是人民群众的生命线

快，是110的生命线，面对瞬息万变的案情，出警，贵在快！

"漳州110"创建初期，人手少，装备差，为了能做到第一时间快速反应，第一任大队长想了很多土办法：为了夜间动作快，大家睡觉不脱衣、不脱裤、不脱袜；当时值班室在三楼，跑楼梯下来需要55秒，他还自费买了一根粗竹竿，从一楼竖到三楼，大家沿竿滑下只需要5秒。

硬是靠着这样的土办法，"漳州110"的民警们不停地拼时间，一分钟一分钟地抠，一秒钟一秒钟地省。

第五任大队长李海宁说起十几年前自己刚从警时遇到的一起警情，仍然心惊肉跳。那是一起夫妻吵架的报警，民警们刚接近现场时，就远远地看到一个男子正朝着一名女子挥舞着刀，当时情况十分危急，千钧一发的时刻，民警迅速制服了这名男子。

虽然是有惊无险，但男子挥刀砍人的画面像是开启了循环播放模式，在李海宁的脑海里一遍遍地重现着。每重现一次，都令他脊背发凉、唏嘘不已，"万一再晚那么一小会儿，就那么一两秒钟，一条鲜活的生命可能就在眼前消失了……"

时间，对于很多人来说，也许意味着金钱、意味着效率，然而对于警察来说，时间就是生命，就是肩上的责任，就是百姓的安危，就是生与死的区别。

"漳州110"在1990年建设之初，就建立了打击街头犯罪的快速反应机制。1996年5月，团队又创新探索出路面巡逻加接处警结合的工作模式。进入2000年，"漳州110"在"快"上更进一步，实现了巡逻和指挥分离，把原来的110接警台剥离出来，成立了110指挥中心，形成了以110指挥中心为龙头，以巡特警为骨干，多警种协同作战、有机配合的快速反应机制。

然而，随着城市的快速发展，最让民警们着急的是，很多时候明明已经到了小区里面，却因为楼幢编号的不连贯，在找具体几号楼在哪里时白白耗费大量时间，如何解决这最后的"100米"，成了"漳州110"心中最棘手的难题！

没有更好的办法，就用最笨的办法！时任"漳州110"第三任大队长的许佳带领队员们一趟趟去每一个小区里摸底，手工画出警区图，把小区出入口、楼号、楼层标注清楚，人手一份，时时刻刻默记在心。他们硬是用这样的笨法子，做到了在接警的第一时间，迅速判断出几号楼在哪个位置，从小区哪个门进入更快一些。

解决了最后100米，还能在哪个环节上更快一些？随着"漳州110"的发展壮大，民警们又想到了新办法。

2016年7月，他们又建立"四警四化"警务机制，把漳州市区45平方公里细化为11个警区，每个警区的区域变小了，每一个警组巡逻的频率就增加了，出警的间距大大缩短了，很多群众在报警时惊讶地发现，110报警电话刚挂断，24小时巡逻的警察就来到自己身边了！

时至今日，第一时间到达老百姓身边，第一时间解决老百姓的困难，依然是每一位"漳州110"民警持续研究并攻关的命题。

然而，仅仅做到"快"是不够的，真正成为"人民的保护神"，110不仅要快，更重要的是还要"灵"。

新形势下的"漳州110"变身"最强大脑"

2020年12月24日早上9点45分前后，漳州市公安局指挥情报中心分别接到3名群众110报警：自家的电动车丢了。

接到报警的同时，"漳州110"图像侦查办公室的民警第一时间调取3辆电动车被盗监控，通过线索整理后发现，3辆电动车为同一个人盗窃。很快，图侦中队民警就在监控中锁定了运输被偷电动车的货车，并通过全程监控控制货车司机，

"漳州 110"

要求他第一时间把车运回。

短短两个小时，"漳州 110"在接警的同时，图侦中队运用城市监控系统和地面梯队相互打配合，在寻找线索破案的同时，地面警力对犯罪嫌疑人实施抓捕。

如今，有了合成机制支撑、高科技加持的"漳州 110"也并没有放弃他们的"神技能"，最让人难以置信的是，"漳州 110"堪称当地的"活地图"，全市 1 万个监控的角度他们记在脑子里，全漳州每一处街头巷尾，甚至说不上名字的犄角旮旯，他们比导航 App 还清楚。他们不断地给自己想招儿，不断地苦练，就是为了老百姓打了 110，110 就能做到"又快又灵"。

31 年来，6 代"漳州 110"人不忘初心，坚守在岗位上，他们"以人民为中心，做人民的保护神"的新时代"漳州 110"精神辐射到社会各行各业，影响着越来越多的人。

2017 年，"12345 市长热线"作为"民生 110"开始为"漳州 110"分流非警务类警情，让有限的警力用在刀刃上。

还有"芗里芗亲"App，作为"民间 110"，29 万注册志愿者们像"漳州 110"一样一起巡防，最多的时候，有 1.4 万人同时在路面上给"漳州 110"做坚强后盾；还有 2070 支"社区（乡村）110"队伍，老乡们带着"社区（乡村）110"的红袖标，把"漳州 110"的服务延伸到每一个社区、每一个村庄。

今天的"漳州 110"不再是一支单打独斗的队伍，一心服务人民、一心为了人民的他们也正在从人民中汲取磅礴力量！今天的"漳州 110"，就像是一颗"最强大脑"，把"更快更灵"作为"生命线"，把"再快一秒"作为永恒的追求，24 小时守护着漳州城，守护着老百姓！

致敬！和平年代牺牲最多、奉献最大的队伍

新中国成立以来，全国仅公安机关人民警察队伍就有 1.4 万余名民警英勇牺牲，10 余万名民警负伤，3700 余名民警被评为烈士。在和平年代，公安队伍牺牲最多、奉献最大。

习近平总书记曾饱含深情地说：风里来、雨里去，战严寒、斗酷暑，"白加黑""五加二"。和平时期最辛苦、最劳累、付出牺牲最多、贡献最大的是公安干警。

今天的中国，能成为世界上最安全、发展最快的国家之一，我们决不能忘记"几乎时时在流血、天天有牺牲"的人民警察！

这是一支有着光荣传统和优良作风的队伍，这是一支英雄辈出、正气浩然的队伍。在打击犯罪、保护人民的关键时刻，他们挺身而出、冲锋在前，在重大安保任务面前，他们不怕疲劳、连续奋战。

他们中还有很多人，长期默默无闻，甘当无名英雄，在平凡工作岗位上像老黄牛一样辛勤耕耘，用汗水、鲜血乃至

生命，为国家安全、社会公共安全、人民生命财产安全筑起了一道坚不可摧的铜墙铁壁，用实际行动兑现了"人民公安为人民"的庄严承诺！

他们的忠诚信念，他们的担当精神，他们的英雄气概，是中华民族伟大精神的真实写照。

2021 年 1 月 10 日，让我们向所有为党和人民利益英勇奋斗的人民警察，致以最高的敬意！

空军某运输搜救团一大队

扫码看视频　扫码看公众号

　　空军某运输搜救团一大队长期担负飞机播种造林和防风治沙任务，笃定让沙漠变绿洲信念，在加强战备训练的同时，几十年如一日扎根荒漠、播撒绿色，为荒漠地区、沙漠地带筑起重要绿色屏障。党的十八大以来，空军某运输搜救团一大队深入学习贯彻习近平新时代中国特色社会主义思想和习近平强军思想，深入贯彻"绿水青山就是金山银山"理念，坚持飞播为人民，矢志播绿助脱贫，飞播航迹遍布内蒙古、川、黔、陕、甘、青、宁等7省（区）130多个县（市），作业面积2600余万亩，播撒草籽树种万余吨，为坚决打赢脱贫攻坚战、促进地方经济社会发展作出重要贡献。2019年被评为"全国民族团结进步示范单位"，2020年被评为"全国拥政爱民模范单位"，荣立二等功、三等功各1次。

　　说起空军飞行员，大家想到的一定都是"酷帅"的模样。他们驾驶着最先进的歼击机、运输机、预警机、空中加油机……一飞冲天，傲视寰宇；在航展上飞出炫目的特技动作，让人惊叹不已；在国庆阅兵式中飞越天安门，接受祖国和人民的检阅；战略预警、空中打击、防空反导、信息对抗、战略投送，每一样拿出来都是一曲强军战歌！

　　然而，人民空军还有一支这样的队伍，他们常年扎根在祖国的西部，开着我国第一代自主研发的运-5型运输机，用一粒粒小小的树种、草籽儿，为祖国播种绿色，为人民播撒希望！

　　在长达 39 年的时间里，这支队伍始终战斗在生态扶贫的一线，他们累计将 1 万多吨种子撒到内蒙古、川、黔、陕、甘、青、宁等 7 省（自治区）130 多个县（市）、300 多个播区，作业面积 2600 余万亩。

　　从内蒙古腹地腾格里沙漠到黔南的崇山峻岭，从榆林播区到格尔木草原，从川西高原到贺兰沙丘戈壁，他们啃下了一个个被黄沙统治的荒漠，创造了一个个看得见的绿色奇迹，

空军某运输搜救团一大队在祖国大地上播撒绿色

为老百姓铺就了一条条脱贫致富的绿色大道。

他们驾驶着我国最早的运输机，做着最有生命力的事。他们，就是与黄沙宣战，默默无闻在祖国大地上播撒绿色、创造奇迹的空军某运输搜救团一大队！

一

2020年，毛乌素沙地即将在陕西版图消失的新闻不断刷屏。这项中国人民创造的绿色奇迹背后，就有这群空军飞播官兵作出的贡献。

20世纪初，西北地区自然环境沙化严重，位于陕西省和内蒙古自治区之间的毛乌素沙地狂风卷起漫天的流沙，像张着血盆大口的"沙魔"不断向南席卷、扩张，已经逼迫陕西省的榆林城3次南迁。

"沙魔"呼啸着越过城墙之后，整个榆林城犹如茫茫沙海中间的一个孤岛。如果放任不管，这座自古以来就是交通要冲和战略要地的大漠边关很可能会被黄沙掩埋。

空军某运输搜救团一大队飞播作业

响应"为绿化祖国山河作贡献"的号召，1982年，扎根祖国大西北的空军某运输搜救团一大队开启了西部播种造林、治理沙化的飞播任务。

开着飞机播撒种子，这项听着有些新奇甚至还有些浪漫色彩的工作，其实有着常人难以想象的困难和挑战。

飞播作业的地方大多是荒山、野地、大漠、戈壁，风暴沙尘常常是说来就来。第一代飞播人扎根西部大漠时，住的地方连门都没有，经常是早上一起来，脸上、嘴里都是沙子。

一年适合飞播的季节主要在5月到7月，太阳晃得人睁不开眼，飞行员们就用土办法，给机舱的窗户蒙上蓝色的布。他们顶着50多摄氏度的酷暑，挑战身体的极限，一天要飞上十几个小时，为的就是争分夺秒抢播期，赶在雨季来之前把种子撒向大地。

也许有人会问了，运-20这样先进的机型都已列装，为什么飞播造林还要开运-5？运-5是很多军迷口中的"绿色战鹰"，它飞行稳定、运行费用低廉，尤其是低空性能非常出色，可以在非常简陋的机场起降，非常适合飞播造林。可能还会有人不解，不就是开着飞机往大地上撒种子嘛，这有什么难的？实际上，为了保证每一粒种子能落到有效位置，飞播作业必须要超低空飞行，加上飞播的地方往往是沙丘、山沟，或者连绵不断的荒山，飞行员必须沿着山势走势不停地调整飞机的姿态。

2014年6月，李铜和辛嘉乘就遭遇了惊心动魄的一幕……

那一天，他们正在陕西秦岭地区飞播，那里山峰数量多、密度大，山里面被薄雾笼罩，能见度只有3公里。

对于航行时速150公里的飞机来说，3公里只有短短1分钟的时间，1分钟后面是什么？有可能是天空，也有可能是山体。

然而，两人谁也没有想到，就在飞播任务即将结束时，危险突然降临！飞机穿过一层薄雾之后，眼前突然三面环山，此时，紧急迫降根本不可能，只有让飞机直线爬升越过大山。

两人屏气凝神把飞机速度压到最低，把飞机上升速度提到最高，最终飞机贴着树梢越过大山，一片蓝天出现在眼前，那一刻，他们才终于长舒一口气。

这样一次次化险为夷的背后，是飞播官兵几十年如一日精益求精、全力以赴的刻苦训练……

二

为了适应各种起降环境，年轻的飞播官兵苦练飞行技艺，他们不断缩短起降距离的极限，不断压低超低空飞行的高度，不断提高飞机飞直线的精度，即便是在大风天，误差也不超过10米。

然而，即便训练严格到这样的程度，真的到了实施飞播的现场，年轻的飞播官兵还是会被现实狠狠浇一头冷水。起伏不断的戈壁，说来就来的沙尘暴，飘忽不定的冷热气流，真正的飞播区比训练难得多。

副大队长王玮锴回忆了这样一件事：有一次，飞播大队临时驻地设在了宝鸡市北坡顶部的机场，一般民航使用的跑道是2800米，可这里只有500米，尽头就是悬崖峭壁，如果起降失败就会直接冲出跑道，后果非常严重。为了适应短跑道起降，官兵们就用白线在训练场画了一个500米的跑道，每天就在白线区域里不停地练习起降，从400米、300米，最后缩短到只有220米。

从不断地学、不断地练，到一次次开着飞机向大地、向荒漠、向山丘播撒种子，短短两三年的时间，他们看到了震撼人心的一幕，荒山沙土之上嫩苗吐芽，黄沙翻绿、沙漠成林。

这些曾经从航校毕业，无数次憧憬着开战斗机翱翔蓝天，却在西北萧瑟的自然环境中开着运输机播种的年轻飞行员们，在一片又一片的绿色奇迹中，愈发读懂了飞播的意义：很渺小的一个人，在这个地球上留下了那么大面积的绿色植被，让沙漠成林从不可能变为可能，让饱受黄沙之苦的老百姓因为绿水青山过上了好日子，这是多大的骄傲和荣耀。他们，也愈发体会到老一辈飞播人对飞播的挚爱和敬畏，几十年坚守下来的初心和艰辛，"你飞的每一个架次，都要对得起良心，你播撒的每一粒种子，都该在它应该生长的地方"。

然而，飞播的挑战，不仅来自大自然，还有对意志力的考验。飞播的工作这样艰苦、这样危险，为什么在中国，会有一批又一批的飞行队员，做出了相同的选择？为什么一代代飞播人虽经数次转隶、转战多地，但他们为西北添绿装的初心使命始终未变？

<h1 style="text-align:center">三</h1>

答案就在这一粒粒小小的种子里，一代代飞播人播撒出去的那一粒粒代表着希望、寓意着生命的种子，早已化作一种精神、一股力量，融入他们的血脉，扎根在一代代飞播人的心底。

提起自己心中的这粒种子，年轻的飞行员高鹏说："是我的师傅播种的……"

高鹏的师傅名叫张建刚，是大队中参加飞播时间最久、飞播次数最多的老飞播人！最让高鹏由衷钦佩的是，师傅张建刚飞播了整整36年，只请过两次假；最让他深受触动的是，师傅张建刚退休前与飞机告别的一幕。

那一天，太阳快要落山时，师傅完成了他最后一个架次的飞播任务，当所有人都准备退场时，高鹏看到师傅一个人依依不舍地围着飞机，摸了摸机翼，拍了拍螺旋桨，就像在和飞机说：老伙计，我们并肩作战了这么多年，我要先退休了，你还要再和这帮小伙子们继续奋斗在飞播的第一线。

那一大高鹏没忍心打断师傅，当余晖罩在师傅和飞机身上的时候，那温暖的一刻就像是一幅画，师傅并不高大的身影，就像是自己的父亲一样。那一刻，高鹏忍不住红了眼眶，师傅奋斗了整整一辈子，心疼他，终于可以好好歇歇了，但又舍不得他……

在终于要离开的那一刻，张建刚也对高鹏吐露了心中的话："我像你们这样年轻时，甚至不敢告诉飞行学院的老师，自己被分到这个大队，第一次看到这一望无际的茫茫沙海，就在心里想，这样播下去的种子能长吗？"

让张建刚震惊的是，两三年后重飞之前飞播作业的区域时，沙漠上的那一层绿苗苗，让他感动到说不出话来，这一颗颗种子是沙漠的希望，这一片片绿色成为他36年坚守飞播事业的最强大的动力。

更让张建刚没有想到的是，2020年退休后，恩师在电话里对他说："我没想到你能在艰苦的大西北，飞了一辈子，飞到了最高年限，你是我最骄傲的弟子。"

是啊，飞播人能不骄傲自豪吗？因为这一粒粒种子，多少黄沙弥漫的大漠戈壁长出新绿；因为这一粒粒种子，多少家庭改变命运，走出贫困；因为这一粒粒种子，多少孩子、年轻人，也将一个个萌发希望的种子埋在心里，用汗水浇灌，长成参天大树！

四

这些生命力顽强的沙漠种子，有一点点雨就能发芽扎根的沙漠植物，也成为一代代飞播人捧在手里、刻在心里的最宝贵的珍藏!

飞行员王海全,最喜欢的是梭梭树的种子,飞播之前还以为这是草种,几年以后再去看,把他吓了一大跳,整个沙漠上长满了高大的梭梭树。

飞行员高新最喜欢的是沙打旺的种子,这些种子小到就像沙漠里的一粒沙子,却能在沙漠这样恶劣的环境下开花结果。

飞行员石元泰对花棒的种子情有独钟,每到7月份,花棒盛开的片片繁花是沙漠中最美丽的风景。

飞行员许彦龙喜欢带着毛刺、很难播种的沙拐枣,种子上那一根根毛刺,像是太阳的光芒,也更像平凡执着、刚毅锐气的飞播人。

一代代飞播人用种子传播绿色,用绿色传递希望!

从1983年开始一直到2014年,他们用了32年时间,锁住了整个榆林境内的860万亩流沙,将陕西的绿色版图向北推进了400公里,植被覆盖率从1.5%提高到45.2%。

陕西榆林地区由四望沙海、五谷不生的旧貌,变为四望

沙打旺种子

一代代飞播人用种子传播绿色

绿洲、稻谷飘香的塞北江南、陕西粮仓。

飞播可以让沙漠变绿，也可以让梦想开花。

阿拉善盟曾经是内蒙古自治区土地沙化严重的地区。20年前，当地牧民在这块"天上不见鸟，地上不长草，遍地无人烟，风吹石头跑"的土地上艰难生存。极为恶劣的气候条件一度被国际专家认为是不适合飞播的地方。然而，飞播官兵却从来没有放弃过，他们在整整39年里，在这里坚持飞播作业，从未间断，成功飞播造林591万亩，植被覆盖度由飞播之前的5%左右增加到现在的50.4%，创造了将不可能变为可能的奇迹。

飞播种下的花棒在每年8~9月盛开，沙漠上的一片片花海尤为震撼人心；飞播种下的一粒粒树种，已经成为戈壁滩上拔地而起的"绿色长城"，守护着一方水土，守护着一方百姓的幸福；飞播播种下的草籽，是沙漠里长出的希望，已经铺成了老百姓脱贫致富的绿色大道。

如今的阿拉善盟旅游接待人次和收入连续10多年保持两位数以上快速增长。每年7月份是飞播林采种期，当地老百姓通过采收已经在这片土地上开花结果的花棒、沙拐枣等种子增加收入。这一粒粒小小的种子，不仅将黄沙变成了绿土，更帮助当地百姓实现脱贫致富，过上了小康生活。

一片沙，因为一把种子而改变；满眼绿，因为一群英雄而耀眼。飞播人翱翔蓝天，心系大地，他们每一次在天空中划过的航迹，都描绘成祖国山川沙漠上的一抹绿。他们用自己的青春、汗水，留住防沙固土的青山绿水，把奋斗的精神化作梦想的图景；他们用自己的灰头土脸换来播区生态的改头换面，把荒芜的大漠变成富足的宝地。

这世上最浪漫的事是什么？我想，是当我们的子孙后代捧着书本、嗅着花香、享受丰饶肥沃土地的馈赠时，我们可以自豪地对他们说："孩子，几十年前我们的脚下还是一片黄沙，是因为有这样一群可爱的人，他们开着轰隆隆的飞机从天空中向祖国大地撒满五彩缤纷的种子……"

播区生态改头换面

拉齐尼·巴依卡

1979.04—2021.01

扫码看视频　　扫码看公众号

　　中共党员，塔吉克族，1979 年出生，生前是新疆维吾尔自治区塔什库尔干塔吉克自治县提孜那甫乡提孜那甫村村委会委员、护边员。他 2001 年入伍，2003 年从部队复员后，接过祖父、父亲接力棒，成为红其拉甫边防部队的义务巡逻向导，守卫神圣国土、捍卫祖国尊严，多次冒着生命危险救助巡逻战士，10 余年来足迹踏遍帕米尔高原边防一线，一家三代人 70 年守卫边境的爱国奉献壮举，传遍新疆内外，感动无数军民，曾荣获"全国劳动模范""全国爱国拥军模范"等荣誉称号。2018 年当选全国人大代表后，他忠实履行职责，积极建言献策，努力推动民族地区发展进步。2021 年 1 月 4 日，为解救落入冰窟的儿童，不幸英勇牺牲，年仅 41 岁。

> " 我们是不穿军装的边防战士，我们会用实际行动守护好祖国的边疆。 "

他叫拉齐尼·巴依卡，41岁，尽管被高原紫外线晒得黝黑，但仍能看出这张棱角分明的面庞格外英俊，尤其是那双深邃清澈的眼睛，明亮得像星星，闪烁着质朴和纯真，透露着执着和坚毅。

拉齐尼·巴依卡

如果不是两个月前用尽生命的那一次托举，这位不穿军装、骑着牦牛和解放军边防官兵一起爬冰卧雪、守卫祖国边境的人大代表，应该已经换上了准备已久的崭新服装，正准备步入全国两会的现场。然而，他明澈的笑容，永远留在了2021年1月4日。一次奋不顾身的救援和那个耗尽生命的托举，成了他留给这个世界最后的姿态。

一

　　"救孩子，救孩子！"2021年1月4日13时55分，新疆喀什大学校园内的新泉湖旁，一个母亲发出急切的呼救声。正在喀什大学学习的拉齐尼听到呼救声，几乎没有任何迟疑，快速奔向出事的冰面。

　　然而，正当拉齐尼伸出手，马上就能拉住孩子的瞬间，脚下的冰面突然坍塌，他跌入了冰凉刺骨的水中。

　　这时，室友木沙江·努尔墩也跑了过来，在冰水中的拉齐尼一边将孩子奋力向上托举，一边朝着木沙江喊："冰太薄，你不要过来，救孩子，快救孩子！"千钧一发之际，木沙江将两米多长的围巾卷起来抛给了拉齐尼。然而，一条围巾根本没法将两人都拖上来。冰水中的拉齐尼托举着孩子的双腿，再一次冲室友大喊："先救孩子！"可危险再次出现，一大块冰层突然崩塌，木沙江也掉进了冰水里。这时，岸上的人们已经闻声赶来，合力营救。

　　时间一分一秒过去了，天空纷纷扬扬飘起了雪花。这一天，是喀什入冬以来最冷的一天，拉齐尼已经在刺骨的冰水里坚持了十几分钟。由于长时间的托举，他在水中起起伏伏，但始终保持孩子的头露出水面。

消防救援人员赶到后，木沙江、落水儿童和他的母亲相继被救上水面。他们冲着救援人员大喊着："还有一个人！水里还有一个人！"然而，这时的冰水中，早已看不到拉齐尼的身影……

整整两个小时之后，救援人员才终于在湖底找到了已经浑身冰凉的拉齐尼·巴依卡。可他，再不会醒来……

二

用生命托举生命的拉齐尼永远留在了 41 岁。

拉齐尼牺牲后，他的名字和他"用生命托举"的壮举，在朋友圈刷屏，感动了整个中国。

直到这时，我们才发现，这个腼腆爱笑的塔吉克汉子身上竟还藏着这么多的身份和这么多的故事……

他是两个孩子的父亲，是一位退伍军人，是一名共产党员，是全国劳动模范、全国爱国拥军模范，是全国人大代表，是从爷爷和父亲手里接过神圣职责、一家三代与解放军一起守卫祖国边防的护边英雄！

拉齐尼最后一条朋友圈，是他创作的诗歌《南湖》。"南湖红色的光照亮帕米尔高原，在晨曦中，我祖父凯力迪别克露出笑颜。……他视巡边为自己义不容辞的职责和担当。祖父这种精神是我家的一盏明灯……"

1949 年，他的祖父凯力迪别克是红其拉甫边防连第一名

《南湖》

南湖红色的光照亮帕米尔高原

在晨曦中，我祖父凯力迪别克露出笑颜。

他对祖国怀着一颗雄鹰般警惕的心

他视巡边为自己义不容辞的职责和担当。

祖父这种精神是我家的一盏明灯，

我的父亲巴依卡又继承他的遗愿，

我们军民一家亲，扎根边疆，

保卫祖国是神圣义务也是心愿。

拉齐尼最后一条朋友圈

护边员！

拉齐尼的家乡提孜那甫村，位于帕米尔高原东南部，半个世纪前，电影《冰山上的来客》的故事就发生在这里。

888.5 公里的边境线，与塔吉克斯坦、阿富汗、巴基斯坦三国接壤，平均海拔超过 4000 米，氧气含量不足平原地区的一半，最低气温零下 40 摄氏度。

新中国成立之初，红其拉甫边防连在这里成立，担负中巴边境线近百公里的守防任务，守卫着世界上最高的国门——红其拉甫口岸。由于自然环境极为恶劣，边防官兵需要本地牧民作为向导。拉齐尼的爷爷——凯力迪别克·迪力达尔自告奋勇，成为红其拉甫边防连最早的向导，由此开启了拉齐尼一家三代接力护边的历史。

1972 年，爷爷再也走不动了，把这项光荣的使命交给了拉齐尼的父亲巴依卡："不能让界碑移动哪怕 1 毫米！""我们人在哪里，边防线就在哪里，一定要守好！"

巴依卡接过了父亲的接力棒，背上干馕、水泥和红油漆，牵上家里的牦牛，与边防战士们一起爬冰卧雪，穿越"生命

凯力迪别克·迪力达尔　　巴依卡·凯力迪别克　　拉齐尼·巴依卡

拉齐尼一家三代

禁区"，用随身带着的水泥修葺界碑，用红油漆一次次仔细描摹"中国"，用双脚踏遍防区的每一寸土地。

　　1998年"八一"前夕，县领导到巴依卡家里慰问，问他有什么困难和要求。那一天，巴依卡郑重说出了他的请求："我唯一的愿望，就是加入中国共产党。"

　　父亲的话感动着在场的每一个人，也深深触动了当时只有19岁的拉齐尼。那一刻，他理解了爷爷，理解了父亲。一份沉甸甸的使命在他心底生根！

三

　　2001年，拉齐尼穿上军装成为一名武警边防战士，入伍前，部队问巴依卡："你就这一个儿子，舍得吗？"巴依卡认真地说："保家卫国是大事，我舍得！"

　　两年军旅生涯，拉齐尼对军人使命有了更深的认识。2003年，父亲身体每况愈下，因为放心不下父亲和边境线，他选择了退役，放弃留在县城工作的机会，回到家乡。

2004 年，父亲巴依卡带上了 24 岁的拉齐尼一起巡边。路上，巴依卡将自己手绘的"巡逻图"交给拉齐尼，并对他说："我把最珍爱的东西交给你了，这个棒你要接好。"

从此，拉齐尼跟爷爷和父亲一样，成了"不穿军装"

穿军装的拉齐尼

的边防"战士"。每次到达点位后，拉齐尼就在石头上刻下"中国"两个字，宣誓国家主权。

吾甫浪沟，塔吉克语意为"死亡之谷"。100 多公里的路途，要翻越 8 座海拔 5000 米以上的雪山达坂，蹚过 80 多条冰河，穿行一片又一片乱石滩。因为极为险峻，这条路也成为全军目前唯一一条骑牦牛执勤的巡逻线。

拉齐尼每次到达点位后，就在石头上刻下"中国"两字

拉齐尼·巴依卡

2010 年 9 月，拉齐尼与边防官兵们踏上巡逻"死亡之谷"吾甫浪沟的征程！

走到半路时，天上下起了鹅毛大雪。作为向导，他建议大家先安营扎寨，等第二天雪停了再出发。

那天，是中秋节，拉齐尼跟官兵们在大雪中度过了一个难忘的中秋。他说，这是他人生中最骄傲的一天——第一次离开父亲的引导，独自带领巡逻队进入最危险的吾甫浪沟。

在我们心中，驻守祖国边防的解放军官兵都是英雄，而在红其拉甫边防连边防官兵心中，脱下了军装的拉齐尼，是

拉齐尼为边防官兵做巡逻向导

战场上可以为自己挡子弹的战友，更是他们的大英雄！

2011年冬天，临近春节，由于大雪封山，哨所的蔬菜吃完了，食用油也没剩下多少。

可去前哨班的盘山路极其险峻，被称为"生死九道弯"。在这样的天气状况下，汽车根本无法通行。正当连队官兵一筹莫展的时候，拉齐尼突然出现在大家面前，他牵着3头牦牛，给前哨班送来了补给和年货。

那天雪下得特别大，拉齐尼根本看不清哪是路哪是悬崖。他贴着山摸索着往前走，18公里的盘山路，一脚深一脚浅走了4个多小时，走到前哨时，双脚早已冻得失去了知觉……

2014年9月，和边防官兵们去吾甫浪沟的巡逻途中，陪伴了拉齐尼10年的白牦牛摔断了脊椎。无奈之下，巡逻队只能把白牦牛留在原地。抚摸着这位无言战友的脊背，拉齐尼哭得像个孩子，战士们也都湿了眼眶。临走前，拉齐尼和战士们拔了很多草放在白牦牛跟前，希望它能够恢复健康，自己归队。多年来，牦牛成了拉齐尼和边防官兵最值得依靠的战友。边防连官兵巡逻使用的牦牛，是拉齐尼家的。

"牦牛小小的时候我们把它们养大，是我们的好朋友，但牛死了可以买牛，战士们的安全永远是第一位的。"

很多人不理解，为什么这一家三代人宁可舍命，宁可付出一切，也要去护边，也要守卫国土。

拉齐尼讲起了很多年前爷爷常常讲给父亲的那个故事："解放军第一次来到我们家乡的时候，我们并不知道他们是谁。但是他们免费给我们药，给我们米面，还帮我们修房子。我们从未见过这样的好人。后来我们才知道，他们叫解放军，叫共产党。"

听完拉齐尼的话，我们瞬间理解了他常常挂在嘴边的那句话："没有国家的界碑，没有边防官兵，哪里有我们的牛和羊。"也瞬间理解了拉齐尼的那份执着："只要有我在边境、在界碑前，我绝对不会让任何人侵犯祖国边境！"

四

2018 年，拉齐尼当选全国人大代表。每次参加完人代会，他都及时向家乡群众传递党的政策，传递党中央的关心关怀。同时，他也把边疆人民的心声带到北京，为乡亲们解决实实在在的问题。

2020 年初，拉齐尼又有了新的使命：担任提孜那甫村村委会委员。当上村干部后，他更忙了，半个月在山上巡逻，半个月在村里办公，在家的时间越来越少。

说起自己的爸爸，女儿都尔汗委屈地哭了："他陪我们的时间特别少，常常一个月都不能回家……"

任职期间，拉齐尼并没有做什么轰轰烈烈的大事，但他尽心尽力帮助村民解决每件小事：为牧民建立文化站；为做好春耕备耕，维修了十几公里的水渠和闸口；为了基建工作，他又亲自带领护边员将近千个重达 40 斤的铁桩搬上雪山……

他经常笑着说："只要我还有一口气，我就要为国家和人民付出。"

2020 年 10 月 20 日，在北京京西宾馆，拉齐尼捧回了沉甸甸的全国爱国拥军模范奖牌。他接受采访时，激动地说："这份荣誉不是我一个人的，是喀什地区 7600 多名护边员的。"

作为全国人大代表，他最关心的始终是建设好护边员队伍，今年准备向大会提交的议案，他早就准备好了。这份他生命中最后的议案，依然是关注护边员队伍的建设。

谈到护边员的生活变化，跟拉齐尼从小一起长大的朋友、同为护边员的麦富吐力红着眼圈说："现在护边员每月收入 2600 元，享受到国家惠民补贴、草场补贴、社保医保；现在边境房也盖好了，有水有电，网络也基本覆盖了，每个村都有了幼儿园，孩子们能享受到免费教育……"

作为人大代表，他提交的议案现在基本都实现了，然而作为父亲，他却一次次食言了。

女儿都尔汗清楚地记得，1 月 3 日，拉齐尼打来电话，说 2 月份回家时，一定给她买台电脑，没想到，这竟是与父亲最后的对话……

妻子阿米娜默默地掉着眼泪，她抚摸着为丈夫参加两会准备的崭新的衣服和一顶塔吉克族特色毡帽，她与拉齐尼同年同月同日生，他曾答应她照顾她一辈子，如今却留下她一个人……

还有他的老父亲巴依卡，他曾经对父亲说，为祖国护边 40 年，一直到走不动，然而，他只完成了 16 年。

可拉齐尼，兑现了他对党的承诺。2002 年，当时只有 23 岁的拉齐尼，在他的入党申请书中这样写道："尽我所能，为人民、为祖国多做好事。"19 年来，拉齐尼用他朴素的人生践行着这句话，直到他生命的最后一刻。

在《时代楷模发布厅》的录制现场，导演组和编导们替"食

拉齐尼·巴依卡

拉齐尼的家人与他的衣服一起，拍摄了一张特别的全家福

言"的拉齐尼完成了他曾对自己一双儿女的承诺：带他们到北京看了升国旗，带他们亲眼看到了爸爸开会的地方。

在节目的舞台中央，从没有拍过全家福的一家人，与拉齐尼的衣服一起，拍摄了一张特别的全家福。

拉齐尼的儿子、今年只有 11 岁的拉迪尔，抱着父亲的衣服说："我以后，也想和爸爸一样去部队当兵，退伍回来也在家乡当一名护边员，像爷爷和爸爸一样，成为坚毅勇敢、展翅翱翔的帕米尔雄鹰！"

"这辈子要一直做一名不穿军装的边防战士，永远守好祖国的边境线……"拉齐尼的话犹在耳边。

"花儿为什么这样鲜？鲜得使人不忍离去，它是用了青春的血液来浇灌……"拉齐尼的歌声也犹在耳畔。

一次次翻过雪山、蹚过冰河；一次次冲锋在前、舍生戍边……71 年来，拉齐尼和父辈踏遍边防线上的每一块界碑、每一条河流、每一道山岗，和千千万万爱国爱疆、守边护边的群众一起，为共和国的边境筑起"家家是哨所、人人是哨兵"

的钢铁长城。

拉齐尼，帕米尔高原的雄鹰，尽情地在天空翱翔吧，你一定看见了，14亿中国人就是14亿块界碑，今天，我们每一个人都在接过你手中的火把，守护好祖国的每一寸领土，保护好祖国的每一寸山河！

拉齐尼是一名不穿军装的边防战士

东深供水工程建设者群体

　　东江—深圳供水工程（简称"东深供水工程"）是党中央为解决香港同胞饮水困难而兴建的跨流域大型调水工程。20世纪60年代，来自珠三角地区的上万名建设者，响应国家号召，心系香港同胞，不惧艰难困苦，克服重重挑战，一锹一筐、肩挑背扛，开山劈岭、修堤筑坝，以"要高山低头、令江水倒流"的壮志豪情，短短一年时间，建成了全长83公里的宏大供水工程，极大缓解了香港的用水困难。50余年来，共有3万多名工程勘探、设计、施工人员和运行维护人员参与东深供水工程建设运行。他们接力传承，精心守护，先后4次对供水线路进行扩建、改造，使供水能力提升30多倍、水质安全得到根本保障，惠及了沿线各地，满足了香港约80%的淡水需求，成为保障香港供水的生命线，助力了香港经济腾飞，保障了香港民生福祉，支撑了香港的繁荣稳定。

　　说起香港，我们很多人首先会想到香港的电影。然而，可能很多人不敢相信，1965 年，横扫香港票房，创下当年中西影片最高卖座纪录的，竟是一部名为《东江之水越山来》的纪录片。

　　这部电影上映之时，很多香港市民看到纪录片里一个只有四五岁的小女孩儿赤着双脚，柔弱的肩上挑着两桶水，颤颤巍巍地艰难前行时，都忍不住默默地擦泪。

　　因为电影中放映的这无比真实的一幕幕，正是那一代香港人所经历过的最煎熬痛苦的岁月，最不堪回首的心酸记忆……

周恩来亲自拍板，拨付 3800 万引东江水

　　香港，一座三面环海的城市，也是一座严重缺淡水的城市。

　　1929 年，在一次严重的旱灾中，曾有 20 万人因为干渴逃离香港。电影《功夫》中，包租婆时不时就给停水，就是那个时期香港的真实写照。

1962 年到 1963 年，香港遭遇了 50 年一遇的大旱，水库的所有存水，只够 350 万人饮用 43 天。

当时，香港已经缺水到什么程度？港英政府出台限水政策：每 4 天只供应 4 个小时的水。

为了能多贮存一些水，一家人只能轮流停工停学，全家老小都走上街到公共水管道排着长队接水，每次都有人为了抢水大打出手。

更让人难以想象的是，除了严苛的供水时间限制，水务署甚至贴出节水布告，要求市民每两周洗一次头，为了让学生少出汗，学校甚至停了体育课。

水荒，成了一代香港人的噩梦，发展经济，更是无从谈起。

1963 年 5 月，万般无奈的港英政府通过香港中华总商会和香港九龙工会联合会，向内地发出求援信号。

当时，为了接济香港同胞，同样面对大旱之灾的广东在自身用水也十分困难的情况下，放弃了大片农田灌溉，为香港供水。

然而，舶船取水、行车运水，只能解决燃眉之急。

就在所有人都在思考如何从根本上解决香港的水荒问题时，1963 年年底，周恩来总理来到广州，当他得知香港缺水的情况后，迅速作出指示：引东江水供应香港，不惜一切代价帮助香港同胞渡过难关！

周总理拍板拨付 3800 万："该工程关系到港九三百万同胞，工程应由我们国家举办，广东省负责设计、施工。"

这 3800 万的巨额经费，放在 20 世纪 60 年代的中国，显得如此厚重和不易，当时，为了保障这 3800 万，中央甚至不得不暂停了部分其他项目。

这项工程建成之后，之所以被称为一个奇迹，是因为这项工程的难度几乎是超出想象的：唯有令高山低头，让河水倒流，才能引水成功……

这是只有中国人才能创造的奇迹

东江，虽说离香港最近，但从取水口到深圳水库，要经过 80 多公里，要翻越 6 座高山。也就是说要将 50.5 公里的支流，从海拔 2 米一级级抬高至 46 米，整个工程相当于建一座大滑梯。

1964 年 2 月 20 日，东深供水工程正式动工，工程工期只有 1 年。

开工两个月后，港方人员来看工地，当时，东莞的交通设施差到连卡车都开不进来，看到施工作业基本靠人力完成，所有人都动摇了，不相信 1 年内能够完工。

英国水利专家甚至撂下狠话：工程完工至少要 3 年。

然而，当时香港的旱情，别说 3 年了，连 1 年都等不了了！为了尽快完成施工，中央和广东省动员了一切力量。

选调全国优秀的技术人员、全国 15 个城市 50 多家工厂调整生产计划赶制各种机电设备、铁道部优先运"东深"的物资……

上万名建设者们不管是干部、技术员还是工人，所有人都住工棚、睡草席，吃住在工地，尽管生活环境艰苦，但从上到下每个人都干劲儿冲天！

当时的施工条件更是差到我们无法想象，缺少大型机械设备，工人们就手挖肩扛，甚至连土石方、混凝土的搅拌、浇筑，都是靠徒手来完成；为了查看 80 多公里的工地，施工现场仅有的交通工具竟然是 4 辆凤凰牌自行车……

今年已经 85 岁的王寿永老人回忆起当年的往事仍然激动万分。

他说："真是无法想象，那时候我们施工有多急多赶，接到工程通知，我们设计人员就带着 1 个背包卷、1 个脸盆、几件衣服和 1 床被子，坐车去了施工现场。"

为了加快工期，施工现场边画图边设计边施工。技术人员画好一张就往工地送一张。

当时，在上万名工程建设者中，还有一个特殊的群体，他们是 84 名广东工学院农田水利和土木工程系的大四学生。

在那个专业人员奇缺的年代，这些天之骄子们选择延迟一年毕业。

他们打起背包、住进工棚，义无反顾地用自己的汗水、泪水，乃至鲜血和生命，把青春岁月最重要的那篇论文，写在了东深供水的伟大工程之上！

如今已经年逾古稀的何蔼伦，当年还未毕业，她和同学们硬是靠着一把计算尺，圆满完成了厂房的排架、吊车梁设计工作。

还有已经 82 岁的陈汝基，回忆起当年冒死在暴风雨和一片汪洋中艰难跋涉，及时参与关闭泄洪闸的情形，仍然历历在目、惊心动魄。

然而，让所有同学们痛心的是，就在他们距离完成任务返校只剩下不到两周时，意外发生了……

1964 年 11 月 3 日，又一场超级台风来袭，为了赶工期，一名叫罗家强的男同学在沙岭工段 7 米多高的闸墩施工时，在狂风暴雨中不慎跌落，献出了年轻的生命。

转眼，50 多年过去了，当年的同学们早已年逾古稀，他们很多人已经退休安度晚年，还有人老骥伏枥发挥余热，更有 10 多位老师同学已仙逝作古，然而，永远不会随岁月磨砺消逝的，是深藏在他们心中的那份光荣与骄傲。

1965 年 2 月 25 日，东深供水工程这条供港"生命线"终于建成，奔腾不息的东江水从这一天起，承担起新的历史使命——哺育香港。

短短 11 个月，从周围到处都是荒山野岭，到让"高山低头、河水倒流"，这项由中国人创造的了不起的世界工程奇迹，背后是党中央的强大支持，是举全中国、全广东省的倾力付出，更是上万名建设者 24 小时不间断施工的牺牲和奉献！

香港工务司负责人惊叹道："这个工程是第一流头脑设计出来的！"香港中华总商会和港九工会联合会赠送了两面锦旗，上书"饮水思源，心怀祖国"和"江水倒流，高山低首；恩波远泽，万众倾心"。

东江水的到来，极大促进了香港经济社会的快速发展，使香港经济一飞冲天。

一个省为一条河、一个工程付出了太多！

随着香港的快速发展，东深供水工程分别于 1974 年、

1987 年、1990 年进行了 3 次扩建。

有人计算过，如果将工程所用的土石方筑一道宽 2 米、高 5 米的堤坝，足以从深圳一直延伸到北京。

3 次扩建完成后，新的挑战又浮出水面。

为了加强生态环境保护，彻底改善东江水质，2000 年 8 月 28 日，东深供水工程四期改造开工兴建，目的只有一个，把清水和污水彻底分离，不允许任何污水浸入清水里面。

要做到这一点并不容易，工程必须将供水系统由原来的天然河道输水，改为封闭的专用管道输水。

为了让香港同胞早一天用上更清洁更健康的东江水，7000 多名建设者投入 800 多个日夜，争分夺秒施工建设；技术人员研究攻克了 4 项领先世界的核心技术，创下了当时的"世界之最"。

历时近 3 年，2003 年 6 月 28 日，东深供水工程四期改造终于完成。

今年已经 83 岁的林振勋老人回忆起当年按下按钮，工程建成通水的时刻，仍激动万分。

从规划勘测到设计施工，整整 6 年多的时间啊，东深人终于以又一项堪称世界一流的输水工程，把更晶莹的"生命之源"送到了香港，送到了千家万户。

为了保护工程沿线的水质，广东省更是作出了难以想象的努力和牺牲。

为保护水质不被污染，先后出台了 13 个法规及文件；深圳市还成立东深公安分局，专门负责守护这条生命线工程，从源头到沿线全面保护；沿线的东莞、深圳地区不计经济损失放弃了很多建设项目，为保护水质作出了巨大牺牲。

"生命之水"背后的骨肉亲情

半个多世纪的时光，让很多记忆渐渐消退，一次次的改建升级，东深供水首期工程已难觅踪影，给"香港送水的人"也换了一茬又一茬。

任凭岁月的风吹雨打，留在这段历史中的那一串串闪亮璀璨的名字，不该被我们遗忘……

2020 年 11 月，正在广州中医药大学读大一的香港"00 后"叶子嘉跟随学校组织的交流团，参观东深供水工程纪念园。在这里，他第一次亲眼见到了写在课本里的东江。

纪念园里的老照片记录着东深供水工程的建设历史，叶子嘉近距离从这些照片中，看到了 50 多年前发生的一幕幕：他们战胜 5 次强台风的袭击，他们靠着手挖肩挑背扛开山劈岭、修堤筑坝……叶子嘉内心一次次被震撼。

这是他第一次真切地感受到，原来每天打开水龙头就可以用的水，背后竟然有着这样一段令人肃然起敬的厚重历史。

几乎每一个来到纪念馆的人看到眼前无比真实又无比震撼的一幕幕，都会忍不住问自己，上万人奉献和牺牲换来的东江之水，早已渗入香港每一寸土地的"生命之水"，到底流淌着的是怎样的爱与亲情？

叶子嘉说，当他看到纪念园里母亲抱着孩子的雕塑时，就在那个瞬间，他一下子明白了。

为什么无论有多辛苦也要不惜一切代价为香港付出？因

为这是一份血脉相融、难以割舍的骨肉亲情啊!

历尽半个多世纪的风雨沧桑,流淌了56年的"东江之水",累计为香港供水260多亿立方米,相当于一个半洞庭湖的水量,保障了香港约80%的用水需求。

不管时间还要过去多久,东江之水还要流淌多远多长,"东深人"守护香港同胞用水的心,永远不会改变;无论过去、现在还是将来,香港都是祖国大家庭中的一分子,祖国与750万香港同胞血浓于水的骨肉亲情,永远不会改变!

彭士禄

1925.11—2021.03

扫码看视频　　扫码看公众号

　　广东海丰人，中共党员，我国著名的核动力专家，中国核动力事业的开拓者和奠基者之一。他是党的早期领导人、我国农民运动的先驱彭湃烈士之子，年幼时父母牺牲，8 岁就被国民党反动派投入监狱，此后颠沛流离，几经辗转到达延安，在党的培养下成长成才。20 世纪 50 年代，他响应党中央号召，隐姓埋名投身核潜艇研制事业，担任第一任核潜艇总设计师，主持了潜艇核动力装置的论证、设计、装备、试验以及运行的全过程，为我国第一艘核潜艇成功研制作出了重要贡献。改革开放后，他负责引进大亚湾核电站，组织自主设计建造秦山核电站二期，引领我国核事业发展实现历史性跨越。曾任原第六机械工业部副部长、党组副书记，原水利电力部副部长、党组成员，中国核工业集团有限公司原科技顾问，是中国工程院首批院士。

　　照片中这个瘦瘦小小的孩子，有着极为传奇的一生，他两次被关进监狱，多次和死神擦肩而过……

　　然而，几十年之后，他两次为新中国掀起"核巨浪"，为国家和人民创造了卓越不朽的功勋！

　　1988 年 9 月 27 日，中国导弹核潜艇水下发射运载火箭成功，这是继原子弹爆炸成功后，中国于无声的深海之中，牢牢筑起的第二道核盾牌！

　　9 月 28 日，《人民日报》刊登了长篇通讯《中国核潜艇诞生记》。这时候，很多人才知道，中国第一代核潜艇首任总设计师、中国第一个核动力装置的主要设

小时候的彭士禄

计者，名叫彭士禄。

他，就是照片上那个瘦弱的小男孩儿，他还有另一个身份：中国共产党老一辈无产阶级革命家、中国农民运动先驱彭湃之子！

彭士禄

受尽人间苦难，被老百姓舍生保护的童年

1925年，彭士禄出生在广东省海丰县，是彭湃的次子。

彭士禄对父母并没有太多印象，只有一张与父亲和哥哥的合影。照片上有父亲亲手写的字："彭湃及他的小乖乖。"

1928年，在彭士禄3岁时，他的母亲蔡素屏不幸被捕、英勇就义。

1929年，彭湃在上海被捕，在生命的最后时刻，他高唱《国际歌》慷慨赴死。

那一年，成了孤儿的彭士禄年仅4岁。

"一个漆黑的夜里，奶妈背着我逃难。"这几乎是彭士禄对人生最早的记忆。

为了躲避国民党反动派的"斩草除根"，贫苦百姓们冒着杀头的危险，保护着这棵烈士留下的根苗。

从那时起，他过起了姓百家姓、穿百家衣、吃百家饭的生活。

8岁时，彭士禄被国民党当局抓进监狱。

阴森恐怖的牢房里，吃的饭里有虫子，身上爬的有虱子，

1991 年，66 岁的彭士禄来到曾关押过他的石炮台遗址，他一站在上面就哭了，对身边的人说："当年，我在这里受到了多少拷打。"

敌人不仅逼供让他承认自己的身世，还给养育过彭士禄的"姑妈"实施酷刑。

在监狱里，年幼的彭士禄目睹了曾养育过他的"姑妈"被倒挂着吊起来灌辣椒水，但她宁把牢底坐穿，宁可被杀头，也不供认他是彭湃的儿子……

1935 年，因为狱友们的周全掩护，彭士禄终于被营救出狱。这个只有 10 岁、已经被折磨得双腿无法走路的孩子，硬是一路顺着轨道爬了十几公里，膝盖爬得全部都是血，才终于爬回了潮安养母的家里……

1940 年，周恩来总理派人辗转找到了彭士禄，周总理见到彭士禄的第一句话是："孩子，终于找到了你。"

在被安全送往革命圣地延安后，受尽人间苦难的彭士禄才终于结束了东躲西藏的日子。那一年，彭士禄已经 15 岁了。

每每回忆起自己的童年，彭士禄总是饱含深情地说："坎坷的童年经历，磨炼了我不怕困难艰险的性格。我对人民永远感激，无论我怎样的努力，都感到不足以回报他们给予我的恩情。"

"只要祖国需要，我愿意贡献一切"

1951年，彭士禄以优异的成绩考取选派留学苏联的名额，前往喀山化工学院化工机械系学习。

1954年1月，他在苏联学习时，美国东海岸发生了一件大事：一个巨大而灵巧的"黑色水怪"转眼潜入太平洋。不久，这庞大的"水怪"幽灵般地游过墨西哥湾，荡过南美洲，横穿大西洋，途经欧亚非三大洲后又回到了美国东海岸。在它下水后的3年多时间里，总航程达到6万多海里，消耗的核燃料"铀"仅有几千克。

这"黑色水怪"，就是继原子弹之后再度震惊世界的美国核潜艇"鹦鹉螺"号。

1956年，彭士禄获得苏联颁发的优秀化工机械工程师证书，正当他准备毕业回国时，一次简单但意义深远的谈话，彻底改变了彭士禄的人生轨迹……

正在苏联访问的陈赓大将将正准备回国的彭士禄密召到中国驻苏联大使馆。陈赓问他："中央已决定选一批留学生改行学原子能核动力专业，你愿意改行吗？"彭士禄几乎是脱口而出："我当然愿意，只要祖国需要！"

很快，彭士禄被派往莫斯科动力学院原子能动力专业进修深造。正是这段学习时光让彭士禄与核动力结下了一生的缘分。

之后，他没有像他的父亲彭湃一样轰轰烈烈地走向历史舞台的中央，而是像核潜艇一样悄无声息地"深潜"，与共和国的核事业紧紧地连在了一起。

"核潜艇，一万年也要搞出来"

1958年，为打破美苏等国对核潜艇技术的垄断，中央批准研制导弹核潜艇。

这一年，彭士禄学成归国，被分配到二机部原子能所工作。正当他准备大展拳脚的时候，中苏关系出现裂痕。面对复杂的国际形势，毛主席讲出了一句话，气势如虹："核潜艇，一万年也要搞出来。"这振奋人心的一句话，改变的岂止是彭士禄一个人的命运，更是一个国家和民族的命运！

1962年2月，彭士禄被任命为北京原子能研究所核动力研究室副主任，主持核潜艇动力装置的论证和主要设备的前期开发。

彭士禄领导的核动力研究室，面临着前所未有的困难：短缺的办公经费，所里新来的大学生没有一个是学核动力的……很多人都没见过核潜艇长什么样。这个核潜艇怎么干成，更是不知道。

彭士禄鼓励大家，困难中孕育着机遇，我们一步一步来！

当时，先由他和仅有的几个懂一点儿核动力的人，一边自我学习，一边给大家开课。

他还发动大家一起学英语，俄语资料没有了，就改看英文资料。他对年轻人说："要脑袋尖、屁股圆，脑袋尖钻进去，屁股圆能坐得住！"

1964年10月16日，中国第一颗原子弹成功爆炸，消息传到核动力研究室，彭士禄敏锐地意识到，核潜艇研制的春天就要来了。

1965年，代号为"09"的中国第一个核潜艇工程上马。一支几百人的先遣队，静悄悄地来到四川青衣江畔的深山里，开始秘密建设中国第一座潜艇核动力陆上模式堆试验基地。

在四川大山中奋战的日子，是彭士禄一生中最难忘的经历。交通不便，就都吃住在工地上；180天不见太阳，毒蛇蚊虫肆虐，他们依然干劲儿十足。

彭士禄曾回忆："困难时期，我们都是吃着窝窝头搞核潜艇。那时没有电脑，就拉计算尺、敲算盘，那么多的数据就是没日没夜算出来的。"

1970年8月30日，反应堆主机达到了满功率指标，晚上6点30分，起堆试验的指挥长含着热泪宣布，核潜艇主机达到满功率转数，相应反应堆的功率达99%，核反应堆顺利达到满功率。

这意味着，新中国第一艘核潜艇的心脏——核动力终于开始跳动了！核潜艇下水指日可待！

这一天，大家欣喜若狂，放鞭炮庆祝，而这时，总设计师彭士禄却在闷头睡大觉。因为在这之前，他已经连续五天五夜没有好好睡一觉了。

胃被切除四分之三，"就是死了也是值得的！"

1974年8月1日，中国第一艘核潜艇被命名为"长征一号"，正式列入海军战斗序列。至此，中国成为世界上第五个拥有核潜艇的国家。

这一年，彭士禄一直在核潜艇制造厂进行最后的调试安装工作。

在一次调试时，剧烈的胃疼令彭士禄汗湿了全身，医生诊断为急性胃穿孔，海军派直升机送海军总医院的外科主任去现场开刀。这一次手术，彭士禄的胃被切除了四分之三，那一年，他才49岁。

88岁时，有记者提到这段往事，问他："值得吗?"他回答："值得！搞成功了，特别高兴，我喜欢这个工作，付出的一切都是值得的，就是死了也是值得的！"

核潜艇成功了，一辈子跟核动力打交道的彭士禄，又有了新的使命。这一次国家交给他的，又是一次极为艰难的开拓垦荒……

再一次临危受命，开拓奠基中国核电事业

1983年，彭士禄被任命为大亚湾核电站筹建总指挥。年近花甲之年，他再一次踏上了共和国核电事业的拓荒之路。

那一年，我国外汇储备仅有1.67亿美元，而大亚湾核电站总投资需要40亿美元。既没有足够的建设资金，人才技术

也尚属空白，在这种情况下要建成中国第一座百万千瓦级的商用核电站谈何容易？

面对这一场代表国家的"商业博弈"，彭士禄奔波各地筹集资金，参加一轮轮商业谈判，他的各项开创性工作，为大亚湾核电站快速开展建设工作奠定了坚实的基础。

1987年，大亚湾核电站顺利开工，然而为了这一刻操劳了两年的彭士禄却已马不停蹄地赶往下一个任务，当时，他已经被国家委任为秦山二期核电站董事长，负责建设中国第一座自行设计、建造的商用核电站。

在任秦山二期核电站董事长时，他提出了股份制，建立了董事会制度，从核电站主要参数到投资方案，他都一一研究、核算。大到反应堆，小到一个螺丝钉，他都能做到心中有数。彭士禄有个著名绰号叫"彭拍板"。他常说："对了，

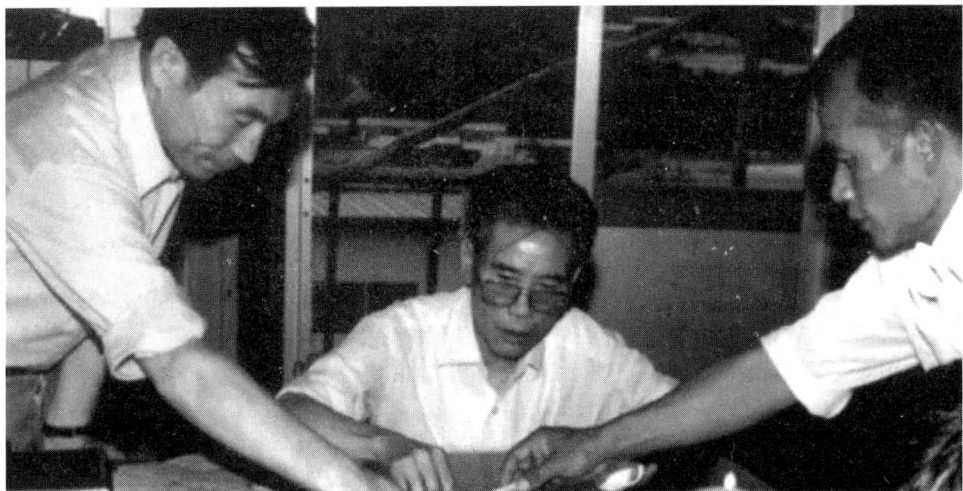

工作中的彭士禄

功劳算你的；错了，责任算我的。"

半个世纪的时间里，彭士禄像一头拓荒牛一样，从引进、消化吸收国际先进技术到自主研发核心技术，打赢了一场又一场核电领域的攻坚战，引领我国核电发展走上了快车道。

然而，在巨大的成就和荣誉面前，彭士禄从不计较得失，更从不提个人要求。

1978 年，当他获得全国科学大会奖时，听闻消息的他正在工地上，惊讶地说："我也可以得奖？"

2017 年，彭士禄又把自己在何梁何利基金最高奖（科学与技术成就奖）获得的 100 万港币奖金全都捐赠出来，为国家培养核事业人才。

一造核潜艇，二建核电站，彭士禄一辈子干了两件大事。在他看来，中国的核动力事业发展到今天，绝不是一个人两个人所能及的，而他自己"顶多算其中的一颗螺丝钉"。

2020 年 11 月，在彭士禄离开这个世界前的最后一个生日，心里念念不忘的，依旧是他那句最初的誓言：只要祖国需要，我愿意贡献一切！

2021 年 3 月 22 日，彭士禄在北京逝世，享年 96 岁。3 月 30 日，在《英雄核潜艇》的歌声中，彭士禄完成了他最后的心愿：骨灰撒向大海，永远守护祖国的海洋。

从烈士的遗孤到中国核动力事业的拓荒牛，他默默走完了为祖国"深潜"的一生。一辈子太短，短到他只为祖国做成了两件事；一辈子又太长，长到他把生命熔铸进新中国核事业基座上的磐石。

此刻，他或许是那一朵翻腾的浪花，正同他最爱的核潜艇一起深潜，一路远航。

那闪耀的印记，已汇入历史的长河，伴随着中华民族伟大复兴的征程，滚滚向前，澎湃不息！

时代楷模
2021

陆军第八十三集团军某旅"红一连"

　　"红一连"是诞生于秋收起义的红军连队。"三湾改编"时，毛主席亲自在该连建立党支部，并发展了6名党员，开创了我军"支部建在连上"的先河。90多年来，"红一连"矢志不渝听党话、跟党走，先后参加战役战斗300余次，完成非战争军事行动40余次，5次被授予荣誉称号。党的十八大以来，"红一连"坚持用习近平新时代中国特色社会主义思想特别是习近平强军思想建连育人，传承红色基因、铸牢强军之魂，践行初心使命、勇当强军先锋，圆满完成国际维和、抢险救灾、沙场阅兵等重大任务，荣立一等功1次、二等功5次，被表彰为全军首届"践行强军目标标兵单位"。

　　这是一支无论何时何地，面对灾难和危险永远冲在最前面，救人民群众于水火的队伍；这是一支无论何时何地，为了国家和民族，不惜头断血流，勇往直前、战无不胜的队伍！

　　为什么中国军人召之即来，来之能战，战之必胜？答案就藏在这支连队里——毛泽东主席亲自建立的全军第一个连队党支部、参加战役战斗 300 多次，走出 14 位将军，涌现

出 16 名战斗英模，从秋收起义、三湾改编，一路披荆斩棘走到了新时代的英雄集体——陆军第八十三集团军某旅"红一连"！

党指挥枪，
人民军队历史上的伟大创举

1927 年 9 月，攻打平江、浏阳、醴陵失利，秋收起义部队连遭重创，由最初的 5000 余人锐减至 1500 余人。消极的情绪如同罗霄山深处的雾气，在这支疲惫不堪的队伍中蔓延。

贺龙后来回忆说："那时候的军队，就像抓在手里的一把豆子，手一松就会散掉。"

一个月前，在八七会议上提出"枪杆子里面出政权"的毛泽东此时思虑最多的是：如何把枪杆子牢牢抓在党的手上？怎么才能凝聚起这支队伍？

在江西省九陇山下的小山村，秋收起义部队短暂休整，也就在这时，整个队伍中唯一一个没有逃兵的连队吸引了毛泽东的目光。

昏暗的油灯下，毛泽东与连队党代表何挺颖彻夜长谈，思想火花碰撞迸发，连队一级没有党的组织，党的影响没有渗透到队伍中去；党员太少，又没有捏在一起，形不成力量，党支部不能只建在团一级，而要建到连队去。

1927 年 10 月 15 日，在湖南省炎陵县叶家祠小小的阁楼里，几条长板凳、靠墙方桌上一盏菜油灯、桌面上悬挂着的入党誓词和 3 个外文字母"C·C·P"（中国共产党）。当晚，

6 名年轻的战士跟随毛泽东，许下了一生中最重要的誓言：牺牲个人，努力革命，阶级斗争，服从组织，严守秘密，永不叛党。这 6 名年轻的同志，这 6 名由毛泽东亲自组织发展的新党员，他们高举右手的那一刻，标志着人民军队掀开了崭新的篇章——这是人民军队建立的第一个连队党支部。

支部建在连上，是人民军队历史上的一个伟大创举！从此，连队一级有了党组织，"党指挥枪"的原则在基层落地生根。有了党的领导，"红一连"的红色基因从此扎了根。

剑锋所指、所向披靡的"红一连"官兵们从血战湘江到平型关大捷，从辽西会战到解放海南岛，历经 300 余次战役战斗。扛着"百战百胜""英勇连"的旗帜，从秋收起义的硝烟中走来，走进了新时代。

党旗所指，战旗所向，"红一连"没有完成不了的任务

"红一连"的官兵并未躺在先辈们的荣誉上停滞不前，激战长江、挺进汶川、驰援玉树、出国维和……他们接过那面浸染着无数革命先烈鲜血的战旗，始终勇当先锋，党指向哪里，他们就战斗在哪里！

这是一支随时准备奔赴战场、执行任务的连队，更是一支 94 年赓续党的红色血脉，传承党的光荣传统，特别能吃苦、特别能战斗的连队。

在新时代的强军路上，"红一连"的官兵们深深明白：成绩和荣誉属于过去，唯有苦练打赢本领，才能再次扬威沙场。

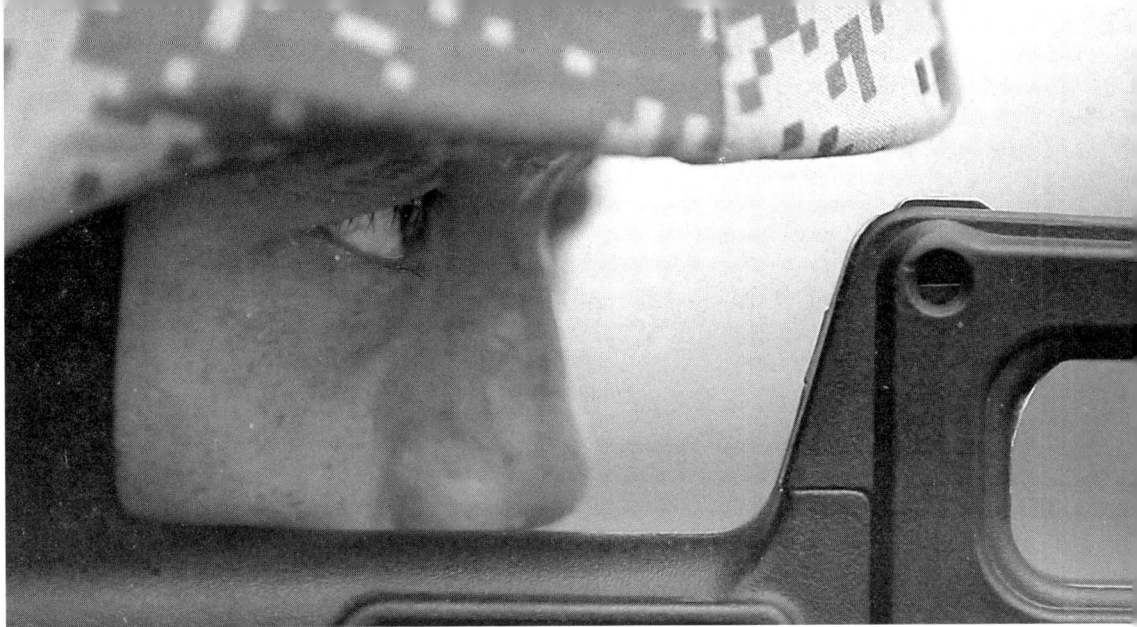

张鲁豫

　　张鲁豫，"红一连""射击模范班"的一名战士。第一次参加连队射击比武时，他打出了连队垫底的成绩。然而，谁也没有想到，短短几年后，张鲁豫从"菜鸟"步枪手历练成为全集团军最优秀的狙击手之一。

　　他在自己的笔记本扉页上写了四句话："练别人练不了的功，受别人受不了的苦，守别人守不了的寂寞，享别人享不了的荣誉！"

　　别人休息的时候，他看书学理论，把每一次射击的弹道、风速、距离等数据全部记笔记做分析，射击动作不行，他就把身上挂满水壶负重练习卧姿、立姿、蹲姿各种据枪姿势。

　　为了成为一名优秀的狙击手，张鲁豫跟自己死磕，在抗毒虫训练中，他咬紧牙关，稳定情绪、调整呼吸，眼神聚焦远方的靶标。

　　2019 年 7 月，在全集团军狙击手比武中披着厚重伪装衣的张鲁豫，顶着 38 摄氏度高温，经过 5 个小时奔袭，战胜了各路高手，拿下了第一名的成绩。张鲁豫捍卫了"红一连""横竖都是一"的使命，将"红一连"党员立身为旗的担当写进了自己的奋斗青春，写进了"红一连"奋进新时代的篇章。

2017 年 6 月，"红一连"官兵从豫中平原一路移防到数百公里外的关中大地。建连 94 年来，连队历经 21 次调整移防，然而，无论部队番号怎么改，驻地如何变，"红一连"跟着党中央、坚决听党话的初心永远不变。

打赢，是党和人民赋予的使命和任务，更是"红一连"时刻牢记的目标。到达新驻地不久，连队率先研究新体制、新编制，争先练技能、练合成。

"红一连"更是把铁心向党的决心意志落实到当兵打仗、带兵打仗、练兵打仗和随时准备打仗的实际行动中。

近年来，"红一连"先后探索山地通道作战班排编组、多能射击"6 步法"等多种战法训法，革新激光模拟校射系统、震动头盔等训练辅助器材，在打赢的路上奋勇争先。

党员才有的"特权"是
新时代"红一连"的亮剑精神

很多人好奇，94 年岁月，近一个世纪，时代在变，任务在变，"红一连"赓续的红色血脉为什么历久弥坚？在连史陈列馆灿若星海的满墙英烈中，我们找到了答案。

在辽沈战役中，"盘肠英雄"姜东海腹部中弹，他毅然把肠子塞回去，用手托着继续战斗；"英雄司号员"李云桃，在右手被打掉三个指头的情况下，忍痛与敌人顽强拼搏，保护了战友生命；"英雄射手"那庆文，在被敌燃烧弹烧着的

柯昌水

情况下，始终坚持战斗，直至壮烈牺牲……

在"红一连"，无论是在革命战争时期，还是今天的和平年代，每一位英雄都是一种精神，每一位党员都是一面旗帜。在"红一连"，每一批入伍的新战士都有一个很强烈的感受：党员有别人没有的"特权"！

柯昌水是"红一连"有着 15 年军龄的老兵。2008 年汶川地震，"红一连"前往救灾点行进过程中，当时还是新兵的柯昌水看着身边和自己差不多大的战友冲在最前头，忍不住向班长申请："我是山里长大的，有经验，让我去探路吧。"班长一口回绝："太危险，他们是党员，让党员先上。"

有一次为了帮老乡抢救物资，4 个党员刚下到地窖，一阵强烈的余震，木头、土房子一下塌了下去，瞬间把他们埋在了地底下。所幸一根木棒立在墙边，他们躲在墙角才幸免于难。班长脸上的血不断地往外冒，可他随手在地上抓了一把干灰抹在脸上止血，便立刻投入了战斗。

目睹了这一切的柯昌水内心被深深震撼了，看着党员们一次次冲到最危险的地方，他坚定地告诉自己：我也要成为一名党员。

在"红一连",抗洪抢险,汹涌湍急的洪水党员第一个跳;联合军演,未知海域党员第一个下;抗震救灾,党员带头扒开废墟救人……

任务来临,党员不当主力谁当主力?挑战面前,党员不挑重担谁挑重担?困难时刻,党员不冒风险谁冒风险?危急关头,党员不去冲锋谁去冲锋?"我是党员我先上"就是"红一连"的党员"特权",更是新时代"红一连"的亮剑精神!

无论是谁,无论何时何地,只要走进"红一连"这个红色的熔炉,就能感受到这股强大的来自信仰的力量,而这力量也会在每个人心中生根发芽,引领着后来者前仆后继,砥砺奋进。

"枪听我的话,我听党的话",党的十八大以来,"红一连"坚持用习近平强军思想建连育人,用红色基因熔铸忠诚本色,用优良传统砥砺打赢硬功,用初心使命永固战斗堡垒,六次抢险救灾,在没有硝烟的战场,他们抢出一条生命线;两次国际维和,在社会局势动荡、武装冲突不断的异国土地上,他们圆满完成任务。

"红一连"党支部先后8次被表彰为全国全军"先进基层党组织",被中央军委授予"党支部建设模范连"荣誉称号。

2021年7月27日,中共中央宣传部决定授予"红一连""时代楷模"称号,号召全社会向他们学习!

从秋收起义、三湾改编一路走来,"红一连"和井冈山点燃的那无数星星之火,点燃了中国革命的熊熊烈火。

94年赓续红色血脉,一代代"红一连"官兵,一代代英勇无畏的中国军人，早已将生命和使命一同融于用鲜血和生命铸就的灵魂里，铸造进一把把无坚不摧的钢刃里，浸染到鲜红的党旗和猎猎飘扬的八一军旗里。

听，这是中国军人无畏冲锋的嘹亮军号，这是中国军人永葆革命本色的铮铮誓言！

让我们向最可爱的人敬礼！

李桓英

1921.08—2022.11

扫码看视频　　扫码看公众号

1921 年 8 月生于北京，中共党员，世界著名麻风病防治专家，首都医科大学附属北京友谊医院医生、北京热带医学研究所研究员。20 世纪 50 年代初，她曾在世界卫生组织工作 7 年，为了新中国的卫生健康事业，主动舍弃国外优厚条件，毅然回国投身到麻风病防治工作，长期奔波在云、贵、川等偏远山区，曾经 4 次遇险（2 次翻车、2 次翻船），两侧锁骨和肋骨都摔断过。她推广的"短程联合化疗"方法救治了数以万计的麻风病患者，她提出的垂直防治与基层防治网相结合的模式，被称为麻风病"全球最佳的治疗行动"，为我国乃至世界麻风病防治工作作出了突出贡献。曾荣获国家科技进步奖一等奖、首届中国麻风病防治终身成就奖、何梁何利科技进步奖、全国五一劳动奖章、全国医德楷模，2019 年荣获"最美奋斗者"称号，2021 年入选"3 个100 杰出人物"。

> 我出生在北京，我是中国人，我的归属就是我的国家，我必须把最好的年华献给祖国！

> 如果我能活到 100 岁，还有 5% 的人生可以跟党走，我会为医学事业继续奋斗。等到举行葬礼的那一天，希望我的身上能盖上鲜红的党旗……

　　刚过 100 岁生日的她，并不为我们所熟悉，但她作出的努力，在中国卫生健康事业发展史上写下了重要的一笔，她为国家、为人民所作出的贡献，更值得我们感谢和铭记！

　　新中国刚成立时，全国有数以万计同胞遭受着一种古老传染病折磨，患病的人若得不到及时诊断和治疗，便极易引发畸形和残疾，看起来极为恐怖。在旧中国，患了这种病的人都会受到严重的歧视，这就是麻风病。

　　1958 年，37 岁的她瞒着同在美国生活的家人，舍弃国外

李桓英

优厚条件，只身一人回到祖国。在这之后长达半个多世纪的岁月中，她每一天都在忘我地工作，硬生生把一个个与世隔绝的"麻风寨"变成了幸福村。

她，就是李桓英！

从37岁到100岁，为了实现"没有麻风病的世界"的目标，几十年没能在父母身边尽孝。半个多世纪过去了，李桓英说的最多的还是那句话：我从未后悔过自己的选择……

"我要把最好的年华献给祖国"

1921年，李桓英出生于北京一个官宦家庭。她的祖父李庆芳是清廷最后一批公派赴日留学生，他的父亲是第一批被选派到德国的留学生，八九岁时李桓英跟随父亲在柏林生活。

1939年，李桓英听从祖父建议，考入了上海同济大学医学院，选择了以治病救人作为终身职业。然而就在第二年，

李桓英一家在柏林

祖父李庆芳为了解救30余名八路军战士，被日军囚禁40多天，悲愤而终。

只有18岁的李桓英，跟随着上海同济大学一路躲避着日军轰炸的炮火，颠沛流离数千里，先后辗转多地，才终于在四川宜宾李庄继续学习。

在西南崇山峻岭之间，拳拳报国的种子早已经蕴藏于她的心底。1946年，从上海同济大学毕业的李桓英，前往美国约翰斯·霍普金斯大学公共卫生研究院，攻读细菌与公共卫生硕士。1950年7月，凭借着优异的成绩，年仅29岁的李桓英成为世界卫生组织的首批官员。

在世卫组织工作的7年时间里，李桓英先后深入到印度尼西亚、缅甸等国，为防治性病和雅司病等疾病的蔓延付出了无数辛劳。可李桓英的内心却始终有着一个解不开的结：那就是一个人的归属问题。

1955年10月，钱学森冲破美国重重阻挠回国的新闻给了李桓英很大的触动。一个愿望在她心里愈发强烈：我出生在北京，我是中国人，我的归属就是我的国家，我必须把最好的年华献给祖国！

1958 年，37 岁的李桓英作出了人生中最重要的选择——回国。她瞒着在美国定居的父母，拒绝了世卫组织的高薪续约，只身一人从缅甸飞往英国，又辗转几个国家抵达苏联，最终从莫斯科回到了她日思夜想的祖国。

这个从北京来的女医生很亲切

刚回国的李桓英被分配到中央皮研所，主要开展性病防治工作。短短几年之后，在李桓英以及众多医务工作者的共同努力下，1964 年，中国正式宣布：基本实现了对性病的控制和消灭。这引起了全世界的瞩目。而在此时，另一种可怕的传染疾病仍在肆虐，那就是人人闻之色变的麻风病……

在云南省勐腊县罗索河的对岸聚集着大大小小数十个村庄，它们长期与世隔绝，只有乘船横渡才能够到达这里。

这些村落不是世外桃源，而是当地人闻之色变、避之不及的地方，因为在这里生活的有患了麻风病的人。

1979 年 3 月，在一条泥泞的小路上，李桓英第一次走进了这座孤独而神秘的村庄。村民们自觉地与她保持着距离，李桓英却主动握住了他们被麻风病折磨变形的双手，她掀开他们的衣服仔细查看着皮肤溃烂流脓的地方，她给村民们脱鞋检查，直接把自己的手伸进村民的鞋子里，检查鞋底皱不皱、硌不硌脚……

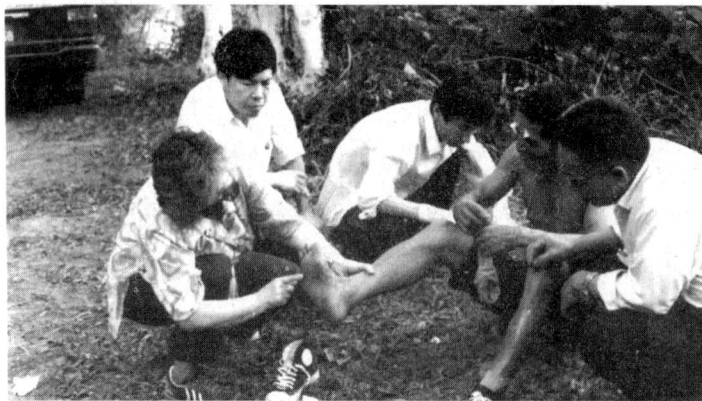

李桓英为村民脱鞋检查

李桓英这次"麻风村"之行,开启了她人生中另一个选择:倾尽自己的一切,付出所有的年华和精力,为麻风患者驱逐病魔!

"如果治不好我还会给你找新药"

1983年春天,李桓英再次从北京出发,来到云南省西双版纳傣族自治州勐腊县的"麻风村"。这一次,她带着"利刃"而来,为期两年的"联合化疗"方案试点将在这里展开。

李桓英把实验室搬到了"麻风村",每天把药送到患者手上,亲眼看着他们服下。

可意外却发生了,患者皮损加重,皮肤着色、小便颜色也红了……

村民们慌了,免费的药物被扔进了水里。李桓英急了,她知道这是药物治疗的正常现象。她开始挨家挨户做工作,甚至拍着胸脯向所有村民保证,"如果治不好我还会给你们找新药,我每年都来,治不好我就再找新药"。

这一句简单的许诺背后,是李桓英待上一辈子都要治好村民们的准备和决心。日子一天天过去，按时服药的村民们麻风病的症状开始逐渐消退。1985年，李桓英重返"麻风村"，眼前的景象让她至今难以忘怀。村里的患者全部治愈，"短程联合化疗"完全达到预期效果。1990年4月13日，在这一年的泼水节，摘帽的"麻风村"有了新的名字——"曼喃醒村"，在傣语中是新生的意思。

　　40年来，李桓英跑遍了云、贵、川，几乎每一个"麻风村"都有她的匆匆步履，也有在偏僻难行的深山里，即便遇到过两次车祸、两次翻船，也没有停下奔波的坚定身影。

李桓英治愈麻风病患者

很多"麻风村"和外界几乎没有路相连，只能身体倒悬在河面上坐索道过去，很多人看照片都害怕，李桓英却很乐意坐。谁敢相信，这些都是李桓英在 60 岁、70 岁、80 岁时干的事，一直到 94 岁，她仍在云南一线奔走。

37 岁只身一人回国，回忆起当初的选择，李桓英说："联合国待遇再高，美国的生活再好，人，不是靠金钱活着的。"57 岁投身麻风病防治，为麻风病患者坚守和奉献了 40 余载，李桓英说："这是我选择的生活，我很满意，我不后悔！"

李桓英坐索道去"麻风村"

"我回国不后悔，麻风干一辈子不后悔，但是如果不入党，我可能会很后悔！"

2016 年 9 月，北京友谊医院党委收到了一封特殊的入党申请书。申请人正是刚刚获得首届"中国麻风病防治终身成就奖"，已经 95 岁高龄的李桓英。她说："在多年的社会生活和医疗工作中，我深刻领悟到中国共产党是全心全意为人民服务的党。我虽已进入耄耋之年，但愿意以党员的身份为麻风事业奋斗终生！"

2016 年 12 月 27 日，满头银发的李桓英高举着右手，站在一群年轻的新党员中间，面对着党旗庄严宣誓："我志愿加入中国共产党……"

李桓英摸着胸前的党徽微笑着说："如果我能活到 100 岁，还有 5% 的人生可以跟党走，我会为医学事业继续奋斗。等到

李桓英入党宣誓

1964年，李桓英父母回国看她

举行葬礼的那一天，希望我的身上能盖上鲜红的党旗……"

李桓英的家中摆着一张照片，1964年，在李桓英回国的第六年，父母千里迢迢赶来看她。她与父母留下了这张合影，却拒绝了与他们一起飞回美国，没想到这是他们此生最后的见面！

还有一张是2015年，她94岁最后一次去曼喃醒村时，被村民们热情地包围在一起的合影。那一天，每一个人脸上都挂着最幸福、最灿烂的笑。再去一次云南，再去看看曼喃醒村的村民，一直是李桓英最大的心愿。

当村民们看到李桓英在视频中亲切地对他们说："有机会我来曼喃醒来看望你们时"，很多人双手合十，满眼含着泪水喊着：李医生、李妈妈……

40年了，曼喃醒村村民们那一声声饱含着感激和想念的

2015 年，李桓英去曼喃醒村看望村民

呼唤，那一双双带着虔诚祝福的合十的双手，让我们特别动容，让我们不由得想起那句话：她把人民放在心上，人民就永远把她记在心里！

就在 2021 年 8 月 17 日，李桓英迎来了她 100 岁的生日，整整一个世纪的岁月对她来说，从来不是漫长的，因为她从来没有后悔过回到祖国的人生抉择，她把自己的每一年、每一天都献给了祖国的麻风病防治事业，更把她所有的温柔与坚强都留给了这片土地上她挚爱的人民！

初心可鉴超凡风骨，热爱可抵岁月漫长！谢谢李桓英，谢谢她用一生实践告诉我们，人可以这样活着！让我们一起致敬这位伟大的女性，祝她健康幸福、福寿绵长！

邱军

孙丽美

2021

邱 军

1981.09–2021.01

孙丽美

1977.05–2021.08

扫码看视频　扫码看公众号

　　邱军生前系甘肃省华池县人民政府副县长（挂职），中国化学工程集团所属东华科技股份有限公司项目管理部党支部书记、副主任。在脱贫攻坚战进入攻城拔寨的关键时刻，他积极响应习近平总书记号召，主动请缨到条件艰苦的革命老区挂职，坚持扶贫、扶志、扶智相结合，千方百计引进扶贫项目、因地制宜发展特色产业，推动华池县整体脱贫，受到当地干部群众广泛赞誉。2021年1月8日，不幸病逝在工作岗位上，把生命献给了华池这片红色热土，年仅39岁。被追授为"全国脱贫攻坚先进个人""中央企业优秀共产党员"。

　　孙丽美，生前系福建省霞浦县松山街道古县村党支部书记。她十七年如一日扎根农村基层，时刻把群众安危冷暖放在心上，任劳任怨、苦干实干，不断增强基层党组织凝聚力，大力发展乡村集体经济，着力解决群众急难愁盼的具体问题，带领群众把落后的古县村建设成为美丽乡村，被当地村民视为知心人、贴心人、领路人。2021年8月6日，在防抗台风工作中，为保护群众财产安全，不幸因公殉职，年仅44岁。被追授"全国三八红旗手""福建省优秀共产党员"。

2020 年 12 月 1 日，空军军医大学西京医院的重症监护室传出一张纸条。看到纸条上颤抖的笔迹，很多人忍不住哭了："把自评报告交宋部长"，"明年牛产业要做大，菊花产业要做强"……最后的话，他留给了妻儿："好想一家人一起吃顿饭，我去买，给你们做……"

纸条的主人名叫邱军，在距离挂职期满还有最后 40 天的时候，病倒在工作岗位上。纸条上这些歪歪扭扭的字，成了这位"80 后"扶贫干部留给这世间最后的嘱托……

2021 年 8 月 6 日，第九号台风"卢碧"来袭，冲在抢险一线的村党支部书记孙丽美突然被洪水卷到涵洞里面。在生命的最后时刻，孙丽美对来救她的同事大喊："不要下来，不要下来！"没来得及留下更多的话语，洪水就没过了她的头顶……

邱军离世时，只有 39 岁，孙丽美牺牲时，只有 44 岁，他们虽相隔 2000 多公里，却都干着扶贫这同一项事业，他们更有着同一个名字——共产党员!

他们奔波忙碌的身影不同,
却都是为了同一个目标

2018 年 12 月,37 岁的邱军从中国化学工程所属东华公司来到甘肃省庆阳市华池县担任挂职副县长一职。

华池县是孕育了南梁精神的革命老区,抱定"没有比脚更长的路,没有比人更高的山"的信念,邱军几乎每天都奔波在大山里,一路走着看着,一股强烈的责任感涌上心头,"贫穷不该是革命老区的代名词"。

在上任短短一个多月的时间里,邱军马不停蹄地走访调研了华池县 15 个乡镇、111 个行政村。在与老百姓打交道的过程中,他学会了华池方言,手里的扶贫笔记更是记得密密麻麻。

邱军

邱军（左一）带领贫困户建奶牛饲养场

邱军将扶贫战役的第一枪，瞄准华池县大片的天然草场。经过充分论证，他大胆提出：建奶牛饲养场，开展规模化养殖。老百姓没有钱，邱军去争取产业扶持资金；没有养殖知识，邱军张罗着组织养殖培训；没有销路，邱军亲自跑市场。

就这样，他带领162户贫困户依靠牛产业发起了"牛财"。

紧接着，邱军的目光又被华池一座座荒山吸引，他再次找到了一剂扶贫"良方"——建钢架大棚，发展沙棘产业。不到半年的时间，62座钢架大棚拔地而起。沙棘育苗和金丝皇菊种植产业在村里落了地。

有了好的产业、特色产品，如何让"山货"出山？ 2020年，邱军又做起了网络直播，卖力地向网友推荐华池特产。就这样，在钢架种植大棚中，在新盖的养殖场里，在推销特产的直播间中，都能看到这位搞项目管理出身的副县长的身影。

凭着一腔热情和一双脚板，邱军从一个"外村人"变成了一个"村里人"。而在相距2000公里以外的福建省宁德市霞浦县古县村，刚上任的村支书孙丽美正面对着千头万绪的工作和村里百姓的质疑。

2018年，41岁的孙丽美高票当选古县村的党支部书记。她刚上任时，古县村甚至连路灯都没有，孙丽美当选后，很多人议论纷纷：那么多任书记都没搞定的问题，她一个女书记能行吗？

孙丽美迈出的第一步，就是拆除堂哥违规建起的蔬菜网套厂。拆违先从"自家人"拆起，她打出的第一张牌，就让村里人刮目相看。

古县村村民以种菜为业，孙丽美上任后，带领大家建蔬菜冷库，对接农业开发公司，争取资金进行水利修复和农田改造，成功破解了蔬菜储藏难、销售难、灌溉难的问题。

2021年8月，就在孙丽美牺牲的前一晚，她想的还是村

孙丽美

里的发展规划：年底前硬化一条 215 米的土路；开发后山的 100 多亩荒地，用于建设现代农业项目……没有豪言壮语，只有默默奉献。

邱军和孙丽美，他们忙碌的身影虽然不同，但都是为了同一个目标：绝不落下一个贫困家庭，绝不丢下一个贫困群众！

他们心里装着的都是老百姓，唯独没有自己

2018 年年底，刚到华池的邱军来到贫困户张应芬家。了解到她上高三的女儿刘荣艳因为精神压力太大无法正常学习，他专程跑到学校开导她，帮助她顺利考上大学。

2020 年，张应芬的儿子刘国荣高考，邱军又一次忙前忙后。一天打了好几个电话，帮着填报志愿。刘国荣被常州大学录取后，邱军看他连双像样的鞋都没有，又自掏腰包，给他买了一双皮鞋、一双运动鞋和一个行李箱。

当张应芬和儿子听说邱军收藏在购物车的新鞋一直没舍得买，直到他被送进医院，穿的还是那双修了两次的旧皮鞋时，母子俩泪如雨下……

就是穿着这双旧皮鞋，邱军到城壕镇调研脱贫攻坚 52 次，走遍了全镇 1134 户贫困户；就是穿着这双旧皮鞋，邱军一趟趟跑前忙后，组织了华池县千余名贫困青年参加技术培训，有了一技之长；就是穿着这双旧皮鞋，他一次次跑学校看望师生，组织单位给孩子们捐赠图书……

邱军（后排左六）组织单位为孩子们捐书

在华池县挂职扶贫的两年多时间里，邱军与家人相聚的次数屈指可数，他发的65条朋友圈里，其中64条是关于扶贫的，只有一条留给了自己刚刚出生的儿子。

在这条朋友圈下，邱军的统一回复更是感动了所有人：脱贫攻坚胜利在望，乡村振兴后继有人……短短的一句话，饱

邱军
孙丽美

091

含了一位父亲、一位扎根山区的扶贫干部最大的愿望、最深的期许。

而在远隔千里的福建宁德市霞浦县古县村，当村民们为"阿美"整理遗物时，她的一双特殊的鞋让在场所有人顿时心疼落泪……

2019 年 4 月，孙丽美右脚肌腱断裂，当时正值 G228 国道项目土地征迁，医生建议她休养 3 个月。可做完手术只休息 10 多天，孙丽美就又出现在了村里……

原来，为了能回村里上班，孙丽美特地上网定制了一双大了两码可以固定脚踝的鞋子。

那些日子里，孙丽美穿着这双特殊的鞋，一瘸一拐地往

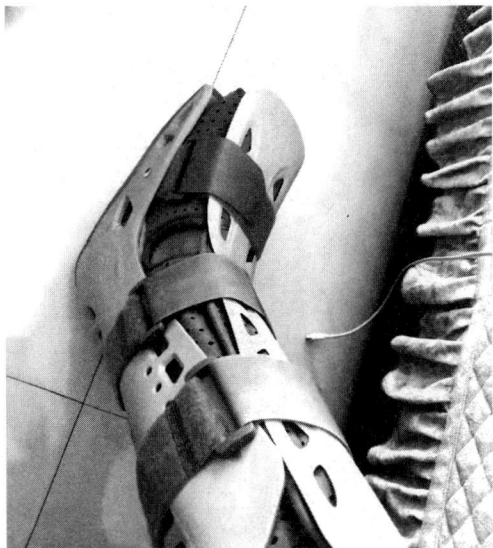

孙丽美右脚肌腱断裂仍坚持工作

山上跑，一天跑了十几户人家，挨家挨户地做调查。每一户村民的种植品种、土地性质，全部一一详尽记录。村民们心疼她又红又肿的脚，可她心里想的是必须把工作做细做实，村民们签下征地协议书的那一刻才都能够安心、放心。

很多村民一说起孙丽美，都不约而同提到村委楼二楼便民服务窗口的第一个位置。为了离村民更近一些，孙丽美上任第一天，就把自己的办公桌搬到了服务窗口。

在任上的三年时间里，她把便民服务窗口当成自己的家，村民办事随到随办，谁家有难处随叫随到。

跟邱军一样，翻看孙丽美的朋友圈，几乎每条都跟扶贫有关，跟老百姓有关。

悠悠百姓事，枝叶总关情。透过这些点滴，我们可以想

孙丽美将办公桌搬到服务窗口

象邱军和孙丽美是如何走遍脚下的土地，如何走进每户人家、走到老百姓的心里。他们虽然战斗在不同的岗位，但始终都把老百姓的冷暖放在心上，挂在心头。

他们倒下时身影不同，
却有着同样的壮烈和英勇

2020 年 11 月，就在华池县脱贫攻坚的最后阶段，邱军的身体出现了问题，住院后，他的病情愈发加重，甚至连话都说不出来。2020 年 12 月 1 日，刚做完手术的他向护士要来纸和笔，写下了他留给这个世界最后的嘱托。

邱军离开的时候，才 39 岁。或许，他是带着些许遗憾走的，盼着给妻儿做顿饭的简单愿望，终究没能实现。那双心仪已久的皮鞋，妻子帮他买来了，可由于他的身体已经发肿，终究没能穿上……

但邱军应该也是带着安慰走的，来到华池的这两年，他的脱贫蓝图一一变成现实。2020 年年底，在生命的最后时刻，他等来了华池县 56 个贫困村全部脱贫，实现整县脱贫的历史时刻！

这张照片，是孙丽美留给这个世界最后的画面。

2021 年 8 月，台风"卢碧"来势汹汹，6 日下午，孙丽美与同事已经成功将低洼地区的群众转移到安全地带，但不放心村里农田的孙丽美又带着三名同事再一次冲进了雨幕中。

他们冒着生命危险，踩在水泥桥的磴子上清理堵塞了涵

台风"卢碧"来袭，孙丽美带领同事清理水泥桥涵洞淤积物（孙丽美留给这个世界最后的画面）

洞的淤积物时，孙丽美突然被湍急的洪水卷到桥下，河水瞬间没过了她的胸口。

孙丽美留下的最后一句话是冲着跳下来营救她的汤辉大喊："不要下来！不要下来！"

回忆起这生死离别的瞬间，汤辉泣不成声："我就看着她，在我的视野里面消失掉，再也拉不到了……"

孙丽美的生命永远定格在了 44 岁。她的牺牲，留给家人、村民们太多的遗憾和伤痛……

这张全家福是孙丽美全家最后的合影。

她曾答应丈夫和儿子，有时间一家人去武夷山玩。可如今，丈夫和儿子再也等不来她完成这一约定；古县村的父老乡亲们，也再不能在便民服务窗口看到她的笑脸、忙碌的身影……

孙丽美全家合影

可"阿美"曾为之奋斗的古县村，已然是改头换面。人均年收入从三年前的 1.8 万元提高到 2.4 万元。"阿美"最记挂的那条 215 米的泥土路已经开工硬化了，古县小学门口沿河的护栏也要开始建设了……

这就是邱军和孙丽美的故事，他们都是我们身边平凡的人。他们是普通的丈夫和妻子，是孩子的父亲和母亲，更是把老百姓当亲人，用脚步丈量民情、用实干赢得民心的中国几百万一线基层干部中的一员。他们把自己的青春、自己的热情，全部投入到为人民服务的路上，直到生命的最后一刻留给世界的仍然是冲锋的背影……

他们把老百姓放在心上，
老百姓永远把他们记在心里

2021 年 6 月，邱军一岁的儿子收到了一份特殊的礼物——两双精美的绣花小布鞋。

张应芬一个人坐车走了 1000 多公里，从甘肃华池赶到了安徽合肥。

张应芬为邱军儿子准备的生日礼物

她要赶在邱军儿子一岁生日时，送上自己的这一份心意……

古县村村民自发悼念孙丽美

邱军 孙丽美

097

2021 年 8 月 7 日傍晚，古县村村民自发来到事发的水泥桥处，为孙丽美献上黄白菊花。"阿美，你在那边好好休息。""她真的为我们村做了很多很多事，是村子的好女儿。"

孙丽美已经牺牲 20 多天了，但"阿美"这两个字，仍然是每一个古县村村民不能提及的痛……

邱军走后，妻子找到了这样两张照片：一张是邱军的父亲，一张是十几岁时的邱军。父亲曾在派出所工作，也当过村支书。邱军常说，他很崇拜父亲，想成为像父亲那样的人，能够用自己的力量帮助别人。

孙丽美走后，她 81 岁的老父亲时常一个人拄着拐杖站在门口。一说起这个让他骄傲的女儿，这位古县村的老村支书，顿时老泪纵横："她身为共产党员就该冲锋在前。为了公家的事，她走了，走得值……"

年轻的邱军和孙丽美都兑现了自己的诺言，他们成了父辈那样的人——

邱军（左）与父亲（右）

生于斯，长于斯，死于斯，吾国吾土、吾家吾乡，故乡的泥土就是初心的归处……

如今，中国已经庄严宣告在中华大地上全面建成了小康社会，历史性地解决了绝对贫困问题，而全国近 300 万战斗在最前线的扶贫干部、第一书记仍然以"敢教日月换新天"的担当精神、"不破楼兰终不还"的攻坚精神、"俯首甘为孺子牛"的奉献精神为老百姓点亮幸福明灯，为乡村振兴接续奋战！

他们用奋不顾身拼搏的赤诚，把自己全部的心血洒向了脚下这片多情的土地……

吴蓉瑾

扫码看视频　　扫码看公众号

　　中共党员，上海市黄浦区卢湾一中心小学校长、教师。她传承红色基因、培育红色传人，依托中共一大纪念馆，十余年来累计培养了近千名小学生党史讲解员，在学生心中播撒理想信念的种子，坚定了他们从小听党话跟党走的决心。她扎根基础教育、潜心教书育人，矢志探索教育教学规律，不断创新德育方法手段，真情守护学生身心健康，有力促进了学生们德智体美劳全面发展。她推动教育公平、促进均衡发展，与郊区小学合作共建，为偏远地区培训教师，以实际行动推进优质教育资源均等化，在努力办好人民满意的教育上作出了突出成绩，荣获国家级教学成果二等奖、上海市教书育人楷模等。

> " 情感教育从爱开始，升华到一定高度了就是中国人的家国情怀，就是爱国爱党。 "

还记得上学时，老师为你写过的评语吗？看完这位上海小学老师写给孩子的评语不禁感叹，这一段段带着爱的评语背后藏着教育最本质、最深刻的意义……

在一位请病假孩子的作业本上，这位老师留下了这么一段话："宝宝病好些了吗？你几天没来，看着你空空的座位老师真有点儿想你了……"

第二天，小朋友又只写了一句话："今天可以折手工纸，真高兴。"老师回复道："今天为什么可以折手工纸呀？是不是该交代一下呢？这样句子就长了一点点……"

还有一个小朋友写了跟妈妈去大剧院看芭蕾舞剧，老师不仅逐字逐句点评，还写了自己的看法和感受，最后，她甚至还用有些自责的语气写道："也许老师给小良写的话太深了，小良能看懂吗？"

相信大家看完这一段段饱含着无限深情，像是与孩子们交心、聊天一样有来有回的亲切评语，感动和敬佩都会油然而生：这位老师的内心深处对孩子饱含着多少爱与尊重，才能化成这样字字深情的话语？

用爱的表达走进孩子心里

写下这些评语的老师名叫吴蓉瑾，是上海市黄浦区卢湾一中心小学校长。她开始这样为孩子们写充满了爱的评语，源自 20 年前的一次挑战……

2002 年，在教职工大会上，时任校长程华提出要在全校挑出一个班级开展情感教育课试点。

提议一出，原本安静的会场顿时炸了锅。什么是情感教育？情感教育课又要怎么去开展？想到很多孩子们共情能力弱，又不善于表达自己的情感，当时只有 24 岁的年轻班主任吴蓉瑾第一个站起来说："我愿意！"

情感教育的第一步应该往哪儿走呢？她与学生们做了一个大胆的尝试，每天把自己想说的话分享在作文里，她还与孩子们约定，这些情感交流的文字叫作"晴雨表"，可长可短，老师不给评分只作评语。

慢慢地，孩子们发现，不管在作文本上写什么内容，全部都能够得到吴老师的回应。

孩子们一天天地写，吴蓉瑾一篇篇地回，经常比孩子们写的还要长很多。评语中有细致入微的写作指导，有像亲人一样的关心体贴，更有像朋友一样的心情分享……在有来有

吴蓉瑾对孩子们进行情感教育

往的交流中，孩子们开始吐露自己的真情实感。

直到今天，吴蓉瑾还记得一个叫"小雨点"的孩子，她在卢湾一中心小学只有几个月，却因为突发疾病离世。孩子走后，妈妈来到学校，说在孩子的床底下、书柜里发现了很多小纸条，一打开写的都是"妈妈我爱你"。

吴蓉瑾很受触动，她找出了小雨点的"晴雨表"，发现里面夹着一个个叠好的五角星，上面用淡淡的字写着："吴老师，请打开！"当她打开五角星，瞬间哭成泪人，每一个五角星上面都写着："吴老师我爱你！"

那一刻，吴蓉瑾突然明白，当我们向孩子表达自己的真情实感、表达自己的爱时，孩子其实也在用自己的方式，表达着他的爱。

用实实在在的爱的行动为孩子种下爱的种子

一本又一本的"晴雨表",记录了太多她与孩子们的情感交流。可是吴蓉瑾很快发现,情感教育课仅仅停留在交流上是远远不够的。

班上有一个叫"小鱼"的女孩,因为头发上、身上总有一些味道,同学们都不愿意跟她玩儿。

观察到同学们对"小鱼"的嫌弃和冷漠,吴蓉瑾开始反思自己,情感教育这颗爱的种子,必须用实实在在的行动种到孩子们心里。

看着缩在角落的"小鱼",吴蓉瑾决定再上一节特殊的情感教育课。她给"小鱼"买了很多漂亮的小发夹,给她买好闻的洗发水,还给她梳好多漂亮的小辫子。

从那之后,吴蓉瑾多了一个新习惯,她经常会把班上一部分家长出差、家里老人身体又不太好的学生带回家,给他们做饭、补习。

2019 年的一天,平时特别爱喝咖啡的吴蓉瑾突然发了一条朋友圈:"戒咖啡打卡第一天。"同事们都很不解,后来大家才知道,是因为一个学生不喜欢吃饭,严重影响了健康。吴蓉瑾就与她约定:"我喜欢喝咖啡,我把它戒了,你尽可能把不想吃的东西再多吃一口,咱们俩一起坚持。"

就这样,为了跟孩子的这一份美好承诺,她坚持戒咖啡打卡了 400 天的时间。这个不爱吃饭的孩子也在这 400 天的约定中变得健康自信、积极明媚。

为了每一个孩子，吴蓉瑾拼尽全力，甘之如饴。她的一次次爱的行动，孩子们都看得到，更能亲身体会得到、感受得到，爱，就像一颗颗投进水里的小石子，在每个孩子心里泛起的涟漪一圈圈变大，用爱去传递更多的爱！

在孩子童年的时候把这颗红色的种子种下去

2004年，吴蓉瑾开始担任学校领导职务，她面对的学生也从一个班级，扩大到一个学校1300多人。

怎样让爱的教育深入到每一个孩子，引导他们爱自己、爱他人、爱社会，直到逐步具有家国情怀？

2005年10月，吴蓉瑾带领学生们来到中共一大会址参观学习，她发现"认真听的孩子不多，孩子们的眼神是散的"，作为校长的吴蓉瑾顿时陷入强烈的担忧中：如果一个中国孩子不了解中国的历史，不了解中国共产党的奋斗史，那是多么可悲的一件事情！

那一刻，吴蓉瑾想到，如果等到初中、高中，孩子基本形成价值观、人生观的时候，再去给他们讲这些历史那真的是太晚了，一定要在孩子童年的时候，将这颗红色的种子种下去。

想到这些，她一刻也坐不住了，她要创办一个孩子们都能听懂的红色小讲解员社团。让孩子自己查资料，自己钻到历史中，用孩子自己的语言去讲解。

2006年的暑假，小讲解员们迎来了自己在中共一大会址的第一次单人讲解，回忆起那天的场面，吴蓉瑾说："我非常紧张，但孩子们很从容自信。有一个情景我至今难忘，一位老先生一边拍照一边悄声夸赞着，'这样的故事可以一代代传下去，祖国的江山未来有人'！"

如今，吴蓉瑾陪着一任又一任的小讲解员走过了 16 个春秋，孩子们的讲解稿增加了英文版、快板版、连环画版。

2021 年是建党 100 周年，当很多来参观的人听到孩子们沪语的讲解时，无不感慨万千，就在 100 年前，就在 1921 年 7 月的那个晚上，就在仅 18 平方米的小客厅里，正是一个个乡音汇聚成一个最响亮的声音：中国共产党万岁！

"情感教育从爱开始，升华到一定高度了就是中国人的家国情怀，就是爱国爱党。"吴蓉瑾把红色种子种在孩子们的心尖，静待开花……

教育的本质就是一个字——爱！

当了 17 年的校长，做了 27 年老师的吴蓉瑾，仍然每天 7 时 40 分准时出现在学校门口，微笑着迎接她最爱的孩子们。她就像是一台"永动机"，手机永远 24 小时开机，无论是谁都能第一时间找到她，有任何问题也都能第一时间回复。

她每天忙得只睡 4 个小时，但是为了让孩子们多睡一会儿，她努力推动卢一小学"推迟上课一刻钟"；为了增强孩子们的体质，她跑遍了学校周边的体育场馆，开设了 40 多项运动课程。

学生们毕业时，她亲手给每个孩子写小卡片。

她的微信通讯录有好几千人，有好多已经毕业很久的孩子都还在，只要有任何烦恼、任何困难向她倾诉，不管她自己多忙多累，一定是第一时间回复。

吴蓉瑾为什么可以每天如此不知疲倦、永葆激情地工作？原来，在吴蓉瑾的背后，也有一个又一个爱的故事。

她6岁上小学时，因为父母工作忙、单位远，是陈佩玉老师一直陪伴她到傍晚、到天黑，甚至是入夜……老师给予的陪伴，让她感受到了极大的爱与温暖。

16岁时，她上了大学，是张晓春老师一大段一大段的评语，教会了她鼓励与包容；26岁，她成为一名老师，是程华校长手把手地教她学会了细致与尊重。

"曾经被别人点亮，现在要去点亮别人。"当了校长之后，吴蓉瑾经常对老师们说："如果不爱孩子就不要当老师。老师，就要承担起身上的这份责任，就要把这份责任融入血液里，化作满腔的深爱孩子、尊重孩子、呵护孩子的情感，陪他们走好人生中最关键的这段路程。"

努力让每一个孩子成为适应社会、身心健康、具有幸福能力的人，是吴蓉瑾最大的心愿。她用自己细腻的爱，去拥抱每一个彷徨孩子的内心，她一次次俯下身子，慢慢走到孩子们的心中。

整整27年，吴蓉瑾把爱与尊重灌溉在孩子们的心尖，她更用自己全身心的投入，影响了一批又一批的老师们，同时，也让我们看到了教育的本质就是一个字——爱！

全国妇联授予吴蓉瑾"全国三八红旗手"称号；中共中央宣传部向全社会宣传发布吴蓉瑾的先进事迹，授予她"时代楷模"称号。

念念不忘，必有回响，若有光芒，必有远方！在中国这片尊师重教的土地上，有千百万个吴蓉瑾，他们每天都在将爱的种子种下，用爱，呵护每一个孩子的成长，用爱，点亮一个个少年的梦想，用爱，成就教育生长的力量！

王红旭

1986.12-2021.06

　　重庆万州人，生前系重庆市大渡口区育才小学教师。他传承家风、担当使命，赓续一家三代从事教师职业优良传统，积极投身教书育人的光荣事业，培养学生健全人格和强健体魄，体现了新时代教育工作者的崇高追求和使命担当。他以德立身、潜心施教，在基层小学默默耕耘、无私奉献，关心学生健康成长，关爱学生学习生活。他胸怀大爱、见义勇为，2021 年 6 月 1 日，在重庆大渡口长江边勇救两名落水儿童不幸牺牲，献出了宝贵生命，用短暂一生诠释了为人师表、行为世范的深刻意义。逝世后，他被追认为中共党员，追授"全国优秀教师"等称号。

> "有了这个证就有了一种责任，在需要的时候就得站出来。"

　　有一位父亲，抛下 3 岁的儿子，留下一个冲刺的背影；有一位丈夫，来不及与妻子道别，留下"拉我一把"的呼喊，再没有回来……

　　他，就是王红旭。如果不是 3 个多月前那一次义无反顾的冲刺，这位眼睛会笑的体育老师，一定会跟他最爱的学生们，跟他同为老师的爷爷、奶奶、父母、妻子，一家三代人共同庆祝刚刚过去的教师节。

　　然而，他那次奋不顾身的百米冲刺，竟成为他留给孩子们最后的背影……

他把生的希望，留给了两个素不相识的孩子

　　2021 年 6 月 1 日晚，一段惊心动魄的视频在重庆人的朋

2021年6月1日救人当天，王红旭陪儿子玩耍

友圈快速传递：湍急的江面上，13名市民组成一道"人链"，手挽着手、呼喊着，延伸至滚滚江心，将一个溺水的孩子托举传递……这天是儿童节，很多家长带着孩子在万发码头沙滩上玩沙戏水，下午快6时时，一声惊慌的呼救声打破了这份欢乐。

当时，王红旭和妻子正带着3岁的儿子在沙滩玩耍，听到有人呼救"孩子落水"，还没等其他人反应过来，他就已经冲出了人群，冲向岸边，一头扎入了江水中。

王红旭奋不顾身的一跃唤醒了岸上所有的人。很快，一条救命"人链"迅速结成，在这条"人链"的尽头，只露出头的模糊身影，就是王红旭。

然而，孩子落水的位置水况极为凶险，顶着江心的乱流，

救命"人链"的尽头是王红旭

王红旭逐渐靠近落水的女孩，不到一分钟，落水的女孩被成功救回到岸边。

这时候，岸上的人着急地喊：水里还有一个男孩！王红旭不顾自己已经筋疲力尽，再一次进入了激流之中。他几度沉浮才终于抓住了男孩。由于水流太急，尽管距离"人链"只有两三米，但任凭他用尽全身力气还是不能靠近"人链"。当所有人替王红旭捏了一把汗时，只见他突然把男孩托举起来，用尽了最后的力气把孩子推了过去！这一推，男孩得救了，筋疲力竭的王红旭却因为受到江水反卷力作用，一下子被激流卷入江中。

回忆起生死一瞬，当时离王红旭最近的救人英雄许林盛噙着泪水说："最后一刻，如果王红旭不托举男孩，大家一定可以抓住他，但他把生的希望，留给了素不相识的孩子。"

"爸爸、爸爸……"3岁的儿子站在江边呼唤着王红旭。13人手挽着手的救命"人链"一直坚持站在江水中。政府动员了最大力量搜救英雄王红旭。搜救一直持续到第二天下午4时，然而，重庆市民在焦急中等来的，却是王红旭已经牺牲的噩耗……

只有 35 岁的王红旭就这样离开了，3 岁的儿子再也唤不回爸爸，他办公桌上的那块秒表，再也等不来主人，学生们体能测试的成绩单上，再也不会出现王红旭的签字……

爱生如子，是他作为一个老师的本能

有人不解，王红旭为何能那么义无反顾地冲出来、跳入江中。好友曾晶动情地说："你们不了解他，他是那种在操场上听到学生呼叫都会立即冲过去的老师，更何况是看到在江水中挣扎的孩子呢？这也许就是一个老师的本能吧。"

1986 年，王红旭出生在重庆市万州区余家镇一个教师家庭，爷爷奶奶、爸爸妈妈都是扎根农村的乡村教师。爷爷站在三尺讲台上 40 多年，直到发病离世前一刻，还站在讲台上给学生上课；奶奶长期担任村小教师，每个下雨天她都要把孩子们一个一个背过河……他的父亲母亲接过接力棒，继续扎根山村教书育人。自打王红旭记事起，家里就经常有很多哥哥姐姐。那时候，小小的他总也想不明白：为什么妈妈爱她的这些学生，胜过爱自己这个儿子。

直到 2004 年，王红旭参加完高考，郑重地选择了重庆师范大学，跟长辈们一样选择了将教师这一职业作为自己终身事业时，他才理解了爷爷奶奶经常对爸爸妈妈说的那三句话："教良心书，不误人子弟。教清廉书，不歪门邪道。教公平书，不厚此薄彼。"

2009 年大学毕业后，王红旭终于成了跟爷爷奶奶、父亲母亲一样的人。孩子们也特别喜欢这个亲切、有爱，一笑起来眼睛眯成一条缝的体育老师，更喜欢亲切地喊他一声"旭哥"。

余颖老师至今还清楚地记得，王红旭刚来学校当体育老师时，经常买满满两大袋子零食，说是给孩子们的奖励。"那时他才刚上班不久，月工资就那么点儿，我就突然觉得，这个小伙子一定是一个好老师。"

王红旭确实是一名好老师。2021年已经上高三的谢林巧，曾在重庆市第五届运动会获得100米和200米短跑的冠军。2011年，育才小学的运动会上，王红旭在一群学生中间发现了谢林巧的短跑天赋。为了能让她坚持田径训练，他一次次跟巧儿妈妈沟通："让孩子再试一试。如果没成绩，再放弃也不晚！"王红旭对谢林巧视如已出般的关怀最终打动了她的妈妈，谢林巧和田径队的同学，听着旭哥"各就各位"的哨声，站在了白色起跑线上……

王红旭

2015年，王红旭老师带队参加大渡口区第三十六届中小学生田径运动会

冉羽佳参加区运动会时，因为太紧张比赛没有取得名次，但是在她跑过终点的那一刻，王红旭第一个冲过去，兴奋地把她高高举起来。那时，他一点儿也不像一个体育老师，而是像爸爸一样，发自内心地去鼓励自己的孩子！

在王红旭任教的 12 年里，他对待田径队里的每一个同学，都像操心自己的孩子一样关心呵护他们的一切。孩子们都说："他就像朋友一样关心我们，心里藏着的小委屈、小秘密，不跟父母说但会跟他讲。"

"旭哥，你的心愿实现了……"

为了教孩子，王红旭可以付出自己所有的心血，为了救孩子，王红旭完成了自己人生中最后一次冲刺……

而这不是他第一次见义勇为。他的妻子陈璐希说，早在

2006 年就读大学时，王红旭就考取了救生员资格证。"他说，有了这个证就有了一种责任，在需要的时候就得站出来。"大三暑假那年，在游泳池当救生员时他就救过人；2008 年，在嘉陵江边，他救过一个落水的小男孩……

父亲多次跟他说，要注意自己的安全，他却有自己不同的看法："危急关头哪有时间想这些，如果是自己的孩子遇到了危险，你会走着去还是跑着去？你跑着去的时候会不会担心自己摔倒？"儿子的一番话，让从教 40 多年的父亲颇为感动和欣慰，"儿子长大了，他是一个称职的老师，他是一个善良有担当的人"。

成为老师之后，王红旭内心还有一个一直想要实现的愿望，那就是跟爷爷奶奶、爸爸妈妈、妻子一样，成为一名中国共产党党员。

2019 年 10 月 25 日，他在入党申请书中这样写道："作为一名教师，我渴望成为党的大家庭中的一员，愿为各族人民的利益奋斗终身！"

2021 年 5 月 6 日，王红旭被吸纳为入党积极分子。谁也没想到，仅仅 20 多天后，他就用震撼整座城市的英勇壮举，兑现了对党的铿锵誓言！

6 月 4 日，送别英雄的日子。一大早，重庆数千名市民自发挤满了道路两旁，大家眼角噙着泪水，呼喊着他的名字，为这位感动了一座城、温暖了一座城的英雄送别……

"他是舍身救人，救了两条小生命，牺牲了自己，值得。"说起自己的孙子，86 岁的奶奶不停抹着眼泪……

"他名字中的'旭'字是我起的，希望他以后能像旭日

重庆市民送别王红旭

一样发光发热，温暖周围的人。"母亲强忍悲痛地说，"他不负这个'旭'名。"

学生谢林巧在给王红旭的信中写道："老师，你是改变我人生命运的人！三年前要不是你把我留下来，我可能不会再练田径。我绷了很久没有哭，我知道你肯定不希望巧儿哭，但是我现在真的绷不住了，真的想你！"

6月24日，中共重庆市委批复同意追认王红旭同志为中共党员，妻子陈璐希哭着说："旭哥，你的心愿终于实现了，现在，你已经是一名党员了……"

为人师表、行为世范、心之所向、生命以赴。最后的冲刺，是他留给孩子们最深刻的一堂课，带笑的眼睛，是他留给孩子们永远的祝福。

王红旭的一生太短了，短到都来不及看着孩子们长大，可他的陪伴又很长很长，他心里装着的所有的爱，早已变成一道永恒的光，宛如一团烈火，恰似一束光焰，永远地为孩子们指引方向、照亮前路……

刘永坦

扫码看视频　　扫码看公众号

　　江苏南京人，中共党员，中国科学院院士、中国工程院院士、哈尔滨工业大学教授，雷达与信号处理技术专家、我国对海探测新体制雷达理论和技术奠基人。他胸怀祖国、服务人民，始终致力于我国对海远程预警技术研究和装备发展，为祖国筑牢"海防长城"；他追求真理、勇攀高峰，率先在国内开展新体制雷达研究，带领团队成功建成了我国首部具有全天时、全天候、远距离探测功能的对海新体制雷达；他学为人师、行为世范，坚守学术道德和科研伦理，甘为人梯、奖掖后学，把为学、为事、为人统一起来，培养了一大批科技领军人才。荣获 2018 年度国家最高科学技术奖，2019 年被评为"最美奋斗者"，2021 年被授予"全国优秀共产党员"，入选"3 个 100 杰出人物"。

中国的海岸线长达 18000 多公里，从 1840 年到 1940 年的 100 年间，西方列强和其他国家从海上入侵我国达到 479 次，入侵舰船达到 18000 多艘次……历史一次又一次警示我们：没有强大的海防，就没有稳固的国家安全。

1982 年，中国签署《联合国海洋法公约》，使我国拥有了 12 海里的领海权和 200 海里的专属经济区。可我们都知道，地球是圆的，直线传播的传统雷达信号一旦超出几十公里的范围，就根本无法看到地平线以下的目标。所以，一旦有敌机起飞，当我们能从海平面发现它们时，敌人就已经打过来了……

200 海里怎么管？中国的海疆怎么守？面对这样严酷的事实，20 世纪 80 年代，一位科学家从零开始、艰难探索，誓为祖国的万里海疆装上"千里眼"。他带领团队用了近 40 年的努力，一次次冲破国外技术封锁，硬是为祖国筑起一道可以让雷达波贴着海平面"跑"，彻底打破地球曲率限制，让原先看不到的飞机、舰船，甚至是超低空飞行的隐身战机全部一览无余、尽收眼底的"海防长城"。

他，就是国家最高科学技术奖获得者，我国对海探测新体制雷达理论和技术奠基人，成功研制出我国首部具有全天时、全天候、远距离探测功能的对海新体制雷达，已经85岁的两院院士刘永坦教授！

1936年12月，刘永坦出生在南京一个书香门第。父亲是工程师，母亲是教师。然家国蒙难，民何以安，刘永坦出生仅仅一年后，惨绝人寰的南京大屠杀就发生了。从还是个婴孩开始，他便与父母一起辗转各地不停逃难。几年的逃难之路，让在他很小年纪就亲历和目睹了山河破碎、国破家亡，日本的飞机轰炸过后，满是同胞尸体被鲜血染红的江面，像刀刻一般，深深印在他幼小的记忆里。

刘永坦至今还记得，一家人终于逃到重庆之后，母亲坐在油灯下教他读《满江红》时的满腔激愤；父亲一次次挥着拳头怒喊：为什么我们只能眼睁睁看着日本飞机投弹？都是因为我们国家太弱了，连自己的飞机也造不了！他牢牢记得父亲对他说的话："你们把书念好了，将来就能够实现强国的愿望，国家强大起来了，老百姓才不会这么受欺负。"从此，"把书读好报效祖国"成为少年刘永坦唯一的志向。

1953年，刘永坦高考考出优异成绩，正在犹豫报考哪所大学时，他在《新华日报》上看到一篇文章——《哈工大——红色工程师的摇篮》。一心想要报效祖国的刘永坦，看到"红色工程师的摇篮"这几个字，顿时心潮澎湃、激动不已，"这不就是自己一直追求的理想吗"？怀着当一名"红色工程师"的志向，17岁的刘永坦背上行囊，从温暖的南国踏上了前往祖国东北的列车……这一走，他便把整个人生献给了新中国的国防事业!

1978年,已是哈工大副教授的刘永坦以优异的成绩通过选拔,成为改革开放后第一批出国进修人员。在英国,他看到了我国雷达技术与国外的巨大差距。

"中国必须要发展新体制雷达!"1981年,刘永坦带着建造中国人自己的"新体制雷达"的宏愿踏上回国的路,只是谁也没有想到,从1981年踏上这条路,刘永坦这一走竟然就是整整40年……

当时正处于改革开放初期,为了能争取科研立项,刘永坦一趟趟地跑北京,详细阐释新体制雷达的优越性、可行性。一些专家认为:"既然美国、英国都没有这种新体制雷达,我们中国为什么要花巨资研究?""这是完完全全从零起步,甚至极有可能几十年下来都没有任何成果……""如果研究不能成功,国家所投入的巨额资金岂不打了水漂?"面对领导和专家的种种疑虑,刘永坦没有放弃,他一趟趟地跑,一遍遍地解释、演示。

1982年秋天,转机终于出现——新体制雷达项目终于得到了相关单位的认可,尤其是受到为"两弹一星"作出重大贡献的陈芳允院士的高度重视。

为了能让项目尽快立项,刘永坦带领团队经历了夜以继日的推导论证、奋笔疾书,终于在1983年完成了一份20多万字的《新体制雷达的总体方案论证报告》。

当时没有计算机、没有打印机、没有雪白的A4纸,这一份一笔一画在稿纸上手写出的长达20万字的报告完成后,第一时间被送到了航天工业部科技委员会,并顺利通过专家们

刘永坦和陈芳允

的评审。正是在刘永坦的不懈坚持下，中国的新体制雷达创新之路终于正式拉开了帷幕。

刘永坦带领团队，经过 800 多个日夜的努力，经过数千次实验、获取数万个测试数据，1986 年 7 月，新体制雷达研发的理论体系破冰确立。

在很多人看来，这个攻关项目可以结题报奖了，刘永坦却说："只有理论突破还远远不够，我们真正需要的不是'纸上谈兵'，而是具有实际意义的雷达实验站！"

可从一份理论报告到真正变成一套完善的系统，这将又是一次从零开始的艰苦探索。已经 50 岁的刘永坦选择再一次重新出发、破冰前行！

作为主帅，刘永坦承担着比别人更加繁重的任务，常年的超负荷工作，让他患上了严重的腰椎间盘突出。他强忍着病痛，终于在 1989 年，带领团队在山东威海建成了我国第一个新体制雷达站。

然而，对于 54 岁的刘永坦来说，这只是攻克新技术难关的开始。他和团队驻守在这片荒滩的目标只有一个，就是捕捉那一道特殊的雷达信号——目标回波！

一次次令人沮丧的是，刘永坦和团队接收到的全部都是海浪的回波，要想从数以亿计海杂波中锁定目标，简直就是现实版的大海捞针。在之后 9 个月的时间里，他们每一天几乎都是在实验和设备调试中度过。

1990 年 4 月 3 日，荒芜的海滩一扫往日的寂静，屏幕上出现了一个小小的光点，当他们确定这就是新体制雷达技术探测到的海上远距离目标时，大家激动地抱头痛哭，一行行热泪是期盼太久的喜悦，更是一场酣畅淋漓的释放。

这项成功让刘永坦斩获 1991 年国家科技进步奖一等奖，当年当选中国科学院学部委员（院士），1994 年当选中国工程院首届院士。

年近花甲，功成名就，很多人以为他该歇歇了，刘永坦却没有停，因为他的目标不是出名，更不是获奖，他心里清楚得很，仅仅这样一座小实验站还远不足以服务整个国家的海防。

此时已经 54 岁的刘永坦，又一次默默地给自己定了一个新的目标：为国家研制出一套能真正布置在我们国防海防线上的可供实用的装备工程！他选择了再次挑战荆棘坎坷，选择了一条世界上无人走过的路！

为了在中国的海岸线上创建新体制雷达工程，刘永坦带领团队转战到条件最恶劣、最艰苦的环境之中。可他们谁也没有想到，他们遇到了前所未有的困难，而且这一干，竟又是 20 个春秋……

在新建的大型雷达站基地里，迎接刘永坦和他的团队是当头一棒：目标淹没在了更复杂的电离层杂波当中，之前在威海实验站验证成功的方法遇到了严峻的挑战！

几经分析研究，刘永坦和团队终于发现，威海的小型雷达实验站与新建的大型雷达站地域不同，雷达站距离赤道的位置越近，受到的电离层干扰也就越严重。

刘永坦心里比任何人都更痛苦、更焦急。一连数个夜晚彻夜无眠，他一次次分析、研判当下的情况，发现能走的只有一条路，就是要做大幅调整改动！

面对这条异常艰难的路，刘永坦从未动摇过自己的信念，无论付出多大的代价，都必须从头再来！因为他知道，没有强大的海防，就没有稳固的国家安全！关键核心技术更是等不来、买不来，必须靠我们自己去突破。

当时，横亘在他们面前最大的难关，是如何减小电离层杂波的影响，这是国际上公认的难题。如果这个技术难关攻破不了，雷达就会变成"睁眼瞎"，之前十多年的努力也将功亏一篑。

在这场没有硝烟的战役中，刘永坦和团队 20 多名成员一起，住在偏僻海边，拼着、搏着、战斗着！他们每天三班倒，日夜奋战，面对一个个技术难题，一项项攻关，一次次实验，一次次失败，一次次推翻，又一次次调整方案……

一年又一年过去了，2011 年秋天的一天，从没有想过放弃，更没有打过退堂鼓的他们终于极大消除了电离层影响，实现了海空兼容稳定探测。这意味着刘永坦团队终于成功研制出了我国首部具有全天时、全天候、远距离探测功能的对海新体制实装雷达，实现了国家海防预警科技的重大原始创新，使我国成为极少数掌握远距离实装雷达研制技术的国家之一。

为了这一刻，刘永坦和他的团队，又足足奋斗了 20 年。在这漫长的岁月里，他们送走了自己最好的青春年华，在这漫长的岁月里，刘永坦已是白发苍苍的古稀之年。这次实验成功之后，刘永坦站在海边，望着浩瀚、汹涌的大海，长长地吁了一口气，他终于完成了多年来的宏愿，也完成了父亲对他的嘱托，"为中国人做点儿事"。

把新体制雷达的核心技术牢牢地掌握在中国人自己手里，把"战争的眼睛"牢牢掌握在中国人自己手里，这，就是刘永坦执着 40 年，为祖国干成的一件事，为中国人做成的一件事！

2019 年 1 月 8 日，在人民大会堂，当 83 岁高龄的刘永坦接过 2018 年度国家最高科学技术奖获奖证书时，会场上响起雷鸣般的掌声。在这场万众瞩目的大会上，刘永坦谦虚地说："我只是一名普通的教师和科技工作者，这份殊荣不仅属于

刘永坦荣获 2018 年度国家最高科学技术奖

刘永坦和妻子冯秉瑞设立永瑞基金

我个人，更属于我们团队，属于这个伟大时代所有爱国奉献的知识分子。"

2020年8月3日，他和妻子冯秉瑞教授相互搀扶着走进哈尔滨工业大学行政楼，将国家最高科学技术奖800万元奖金全部捐出，用于哈工大电子与信息学科人才培养。

他不止一次地说过："我们团队的特点就是不服输，不怕别人卡我们脖子，往前走，自主创新。"即便到今天，85岁的他，在走过了新体制雷达40年的研发路后，还想要新体制雷达小型化，更加广泛实用。

"我们怎么才能使国家强大呢？那就是每个人都要按自己的努力去做。我觉得我做自己这个项目本身就带来了很大的精神上的愉快，对一个知识分子来讲，做这些事对国家有意义，我觉得这是最大的报酬。"刘永坦院士的这段话，让我们看到了一个科学家的家国情怀，更像一盏明灯照亮了我们每个人的内心：把每一个或大或小的、强大我们国家的想法付诸现实，就是最幸福的！

张连印

扫码看视频　　扫码看公众号

　　山西左云人，中共党员，河北省军区原副司令员。他1964年入伍，在党的培养下，经过部队的淬炼，从吃百家饭、穿百家衣的放牛娃，成长为军队高级干部。在40年的军旅生涯中，他铁心跟党走，一心谋打赢，把全部青春献给了国防和军队现代化事业。2003年退休后，他毅然回到家乡，绿化荒山、防风治沙，改善生态、造福村民，即使身患癌症，依然奋斗不止，18年来，带领团队共植树1.8万余亩、200多万株，为左云县环境改善和京津风沙源治理作出了突出贡献。他不图名不图利，为了造林倾尽积蓄，将生态建设成果全部无偿交给集体；他建设党性教育基地，面向干部群众和青少年开展党史学习教育，身体力行弘扬党的优良作风，宣讲党的光辉历史，受到当地群众高度赞誉，被誉为"新时代的甘祖昌""穿军装的杨善洲"。先后被表彰为"全国离退休干部先进个人""全军先进退休干部"。

"
　　我是退休了，没职务了，可我的党员身份还在，对老家最大的回报，就是叫后人免受风沙之苦。
"

"
　　病魔总是不断折磨我们的身体，也让我们变得更坚强。作为军人，战争年代轻伤不下火线，和平年代更应该不怕困难，不屈不挠，战胜自我。
"

张连印（左一）和老乡在一起

可能很多人想不到，照片中这位面容黝黑、席地而坐的老汉，真实身份是一位共和国将军。

他叫张连印，曾任河北省军区副司令员。然而，这位从军40年、指挥过千军万马的将军，却在自己退休那年，作出了一个令所有人都难以置信的决定：带着老伴儿离开城市，掏出自己全部的积蓄，誓将老家的5000亩荒山秃岭全部都种满树。

城里回来的将军想要在几代人都种不活树的荒山上造林。亲戚和乡亲们都议论纷纷，说他是在"干傻事"、是"一时兴起干不长"。

然而整整18年过去了，张连印从刚退休时的浑身是劲儿、意气风发，变成了一身泥土、黑瘦黑瘦的农村老汉，而他麾下的千军万马，已然变成脚下千亩"荒山"之上的百万棵油松、樟子松、云杉、新疆柳……一行行、一列列，笔直挺拔、整齐威武。

从山村的孤儿成长为共和国的将军

2003年，从河北省军区副司令员位置上退休的张连印每天待在家里，白天浑身不自在，夜里辗转反侧睡不着觉。

一天晚上，心里空落落的他翻出家里的老影集，一张张泛黄的老照片把他带回了家乡……

1945年，张连印出生在山西省左云县张家场村的一户贫农家庭，4岁时父亲去世，6岁时母亲改嫁，他与年老体弱的爷爷奶奶相依为命。

在乡亲们的帮助下张连印才得以入学读书。可短短几年后，奶奶因病去世，爷爷卧床不起，离初中毕业只差一个学期，学习成绩一直优异的张连印选择了退学回家。

当时，校长、班主任还有乡亲们，都想帮助他把学上完，张连印感激地对大家说："爷爷病重，我必须回去照顾他。"回村后，他伺候卧床的爷爷，扛起了整个家，可是时间不长，爷爷还是撒手人寰。

只有 13 岁的张连印彻底成了孤儿，在巨大的苦难面前，又是乡亲们把他拉了起来，牙缝里挤出的粮食、自家舍不得吃的馍馍、沙枣都被悄悄塞进了张家的土屋。1964 年，村里又把参军名额给了他这个吃百家饭、穿百家衣长大的孩子。

每次回忆起自己当兵离乡的场景张连印都忍不住泪流满面：村里的男女老少给我系上大红花，把一个个还热乎的馒头、鸡蛋塞进我的口袋，像送自家孩子一样一遍一遍地嘱咐，"平安，到了部队一定要好好干，给咱张家场人争气"。

在乡亲们的锣鼓声中，19 岁的张连印离开张家场村，走向了广阔的天地。

在军营这个大熔炉里，他在每一个岗位上都拼了命地学，一路从普通的战士成长为共和国的将军。

"没有乡亲们，我就活不到成年，没有党的培养，我也走不到今天。"一想到这些，张连印眼泪簌簌地掉了下来，他摩挲着一张张已经发黄的老照片，一个隐隐约约的想法，在心头愈发变得清晰起来……

回 归 故 乡

张连印的老家山西左云县地处京津风沙源治理区。村里有一句顺口溜："一年一场风，从春刮到冬。"土地荒漠化十分严重，视野里罕见绿色，大风一刮，飞沙走石。

回归故乡！张连印心里的想法愈发坚定："我是退休了，没职务了，可我的党员身份还在，对老家最大的回报，就是叫后人免受风沙之苦。"

没有丝毫的迟疑，张连印和妻子带着全部的30万积蓄，回到了老家。但将军上山种树这件事还是在小小的张家场村掀起了轩然大波。

老家的亲戚们说：你一个退休司令员，国家给你这么好待遇非回来遭罪折腾。以前的村支书也有意见：我当几十年支书都种不活，你一个部队当官的就能栽得活？村民们更私底下议论纷纷：张连印是不是想借家乡土地资源发财？

为了打消村民疑虑，张连印给村里立下了军令状：不要林权、不要地权，退耕还林的补助全部交给村民，植树造林的成果无偿交还集体。

张连印的军令状震撼到了所有人。之后，他更拿出军人雷厉风行的作风，修路、通电、打井、修渠、整地、育苗，还没见到苗木成活，自己攒了一辈子的30万积蓄已经花光，巨大的开销让这位一辈子不低头的将军不得不开始四处求人借钱。

虽对父亲不理解，但儿子还是毫不犹豫地拿出了10万元，刚结婚的女儿把新房抵押了 20 万，替父亲还了贷款，小女儿也掏出了自己 3 万元的转业费和订婚时公婆给的 2 万元，战友们也纷纷帮忙。

2004 年春天，张连印再次穿上了作训服，他和妻子每天天不亮就起床，抱着树苗和植树工人一起在一座座荒山秃岭上摸爬滚打，饿了就泡碗方便面，中午顾不上休息又接着干。乡亲们被张连印夫妇感动了，在家的剩余劳力都扛着铁锹跟着他们夫妇一起上山栽树。

2004 年的五一假期，张连印的女儿张晓梅第一次回村看望父母，本想着劝劝父亲的她，一下车就被眼前的一幕惊住了。

迎面两个身着迷彩服、拎着水桶的人老远就朝她招手，走近了，她才认出来是父亲母亲。两人脸上被晒得又黑又红，身上、头发上全都是土，母亲嘴上起满了水泡，父亲手上裂开一道道皱纹，指甲缝都塞满了泥土，张晓梅心疼得直掉眼泪。

走进父亲盖的几间"指挥所"，阴暗潮湿的屋子，像地板一样硬的床，可父亲似乎毫不在乎，而是高兴得像个孩子一样，异常兴奋地拉着她说："晓梅，你看看这个树苗，等过几年再回来肯定就长老高了。"那一刻，女儿一下子明白了，父亲，他一定会干到底！

很快，第一批 10000 棵树苗全部被种到了山上。然而，正当所有人都信心满满、满怀期待的时候，意想不到的事发生了……

"到底是土不行，还是树不行？"

半个月之后，10000 棵树苗没吐出新芽，而是整片整片都黄了。看着漫山遍野打蔫儿的树苗张连印心如刀剜，平时很少落泪的他老泪纵横。

所有人都劝他、安慰他，咱这里的地就是种不了树，放弃吧。张连印偏是不信这个邪，乘汽车从左云县来到太原，几经辗转找到了知名治沙专家桑金海。

看到眼前背着半麻袋土、灰头土脸的老将军，桑金海被深深震撼了，当即就答应去左云县实地考察！

专家的到来让张连印抓住了机会，从选择树苗到如何栽

张连印

种，从春季怎么抗病虫害到冬季如何抗寒，张连印刨根问底，不放过任何一个细节。

技术得当、把关严格，张连印种植的第二批树苗成活率大大提高。可还容不得他松口气，这年冬天，眼前的景象让他大吃一惊：树苗被羊拱得东倒西歪，啃得残缺不全，看到自己的"战士"受了伤，张连印的心一阵阵地痛。他到牛羊倌家串门唠家常，中秋给他们送月饼，下雨给他们送雨衣、送胶鞋……

张连印细心的关怀，感动了村里的羊倌们，之后，啃苗事件再也没有发生过。

日子一天天过去，树苗在这片饱含着希望的土地上默默地生根发芽。张连印至今仍然记得，半年之后再一次站上山头，昔日的荒山秃岭上有了成片的绿色："那个树长得绿油油、胖嘟嘟，成就感油然而生，我特别骄傲地跟我老伴说，'你看，这都是咱们栽活的树……'"

从 2004 年到 2010 年，张连印种植 3000 多亩树苗。张家场的树绿了，天蓝了，水清了，人们都觉得张连印已经该回家休息享享清福的时候，没想到新的情况又出现了……

一边与癌细胞拼杀，一边与荒漠风沙战斗

照片中被人搀扶着的老人就是张连印，当时，他刚刚做完疝气手术，为了不耽误种树的黄金期，他瞒着医生偷偷赶回了林场。而更鲜为人知的是，此时的他已经是一名抗癌 4 年的癌症患者。

张连印刚手术完就回林场

  2011 年，66 岁的张连印被查出肺癌，右部肺叶被切除后，他开始了长达 5 个月的化疗，呕吐、晕眩、剧痛，头发大把大把地掉……

  每次儿女问他能不能受得住，他都坚强地说："咱们当兵的这点儿疼怕什么！"

  2012 年初，张连印的病情逐渐好转，家里人终于松了一口气，可刚从鬼门关绕了一圈的他倔脾气又上来了："我必须要回去种树，我当初承诺要种 5000 亩地，现在还差 500 多亩地没种完，咱当兵的，不能说话不算话！"

  就这样，不顾医生和家人的反对，张连印又回到了张家场，当老乡们看到被癌症折磨得脱了人形的老将军，穿着宽大晃荡的迷彩服，白天扛着铁锹上山挖坑植树，晚上回到屋里的土炕上输液治疗，都心疼不已……

  2014 年 5 月，张连印种树 5000 亩的目标成功完成，可他的病情却进一步恶化，被诊断为肺癌骨转移。想到自己承诺的 30 年归还林权地权还有好多事情没有完成，这位倔强的老将军不顾自己已是癌症晚期，一边与癌细胞拼杀，一边与荒漠风沙战斗，每月都要往返 500 公里外的石家庄取药。

提起自己的老父亲，女儿张晓梅说，有一次，我们知道他要回来取药，想着吃一顿团圆饭，可左等右等也等不到人，后来一打电话才知道，为了赶时间他取了药就回去了，坐了一晚上的硬卧。

儿子张晓斌看着已是又黑又瘦的父亲，不顾大腿根磨破了皮、流着血，也要坚持在山上干活，心疼地哭了好几次。2015年，在部队已是正团级职位的张晓斌，作出了自主择业回老家的选择，与父亲一同担起种树的重任，并把这份责任延续下去……

从保卫祖国的将军，到保护环境的卫士，40年戎马生涯，张连印把根扎在祖国的万里疆土，把全部青春献给了国防和军队现代化事业，18年植树造林，他又把汗水洒在家乡的黄沙泥土，把全部心血浇灌给1.8万亩林田、205万株树木。

张晓斌（左一）与父亲张连印（右一）共同担起植树造林重担

张连印和妻子一起种下 500 棵沙地柏

2021 年是建党 100 周年，张连印收获了两大荣誉和一份甜蜜。七一前，他收到了党中央颁发的"光荣在党 50 年"纪念章，不久，他又被中宣部授予了"时代楷模"称号。而那份甜蜜是属于他和妻子的，2021 年 8 月 16 日，是他们结婚 50 周年的纪念日，金婚这一天，张连印送给了妻子一份独有的浪漫——一起种下了 500 棵沙地柏。

现如今，抗癌 10 年的张连印奇迹般地保持着不输当年的活力，扭秧歌、办展厅、作报告，走路比年轻人还快，精气神儿比年轻人还好。

说起未来的打算，76 岁的老将军话语铿锵：我要站好最后一班岗，继续当好生态建设的宣传员、绿化荒山的战斗员、森林树木的护卫员……

肖文儒

扫码看视频　　扫码看公众号

　　山西朔州人，中共党员，现任国家安全生产应急救援中心副主任兼总工程师。他参加工作38年，一直从事矿山安全生产和应急救援工作，从一名普通的救护队员做起，练就了精湛的矿山救护技术、高超的应急救援本领，成长为一名杰出的矿山救援指挥专家。他先后参加、指挥和指导矿山、隧道、山体垮塌等事故灾难救援700多起，多次冒险深入矿难现场，科学制定救援方案，成功解救被困群众1000多名，在陕西王家岭煤矿特大透水事故、辽宁阜新万达煤矿透水事故、山东栖霞笏山金矿重大爆炸事故等多起重特大矿山事故救援中发挥了重要作用。他牵头或参与制定矿山救护、培训管理、资质认证等多项制度规程，为提高我国矿山安全生产的科学化、专业化、智能化、精细化水平，增强防灾减灾救灾能力、维护社会公共安全、保护人民生命财产安全作出了突出贡献。先后荣立个人二等功、三等功各1次，荣获"最美应急管理工作者"称号。

> 如果大家都不干，那井下被困的那些人怎么办？那些人背后的家人怎么办？逃生是人的本能，但总要有人站出来，扛下去！

　　"麻烦再送一部电话，做（作）为备用，联系不到你们我们就找不到党了。"从井下传上来的，曾让无数人泪目的纸条，相信大家都还记忆犹新。

　　就在 2021 年年初，1 月 10 日下午，一条新闻牵动了全国

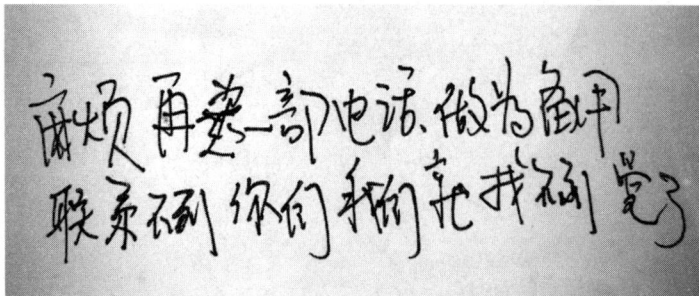

井下传来的纸条

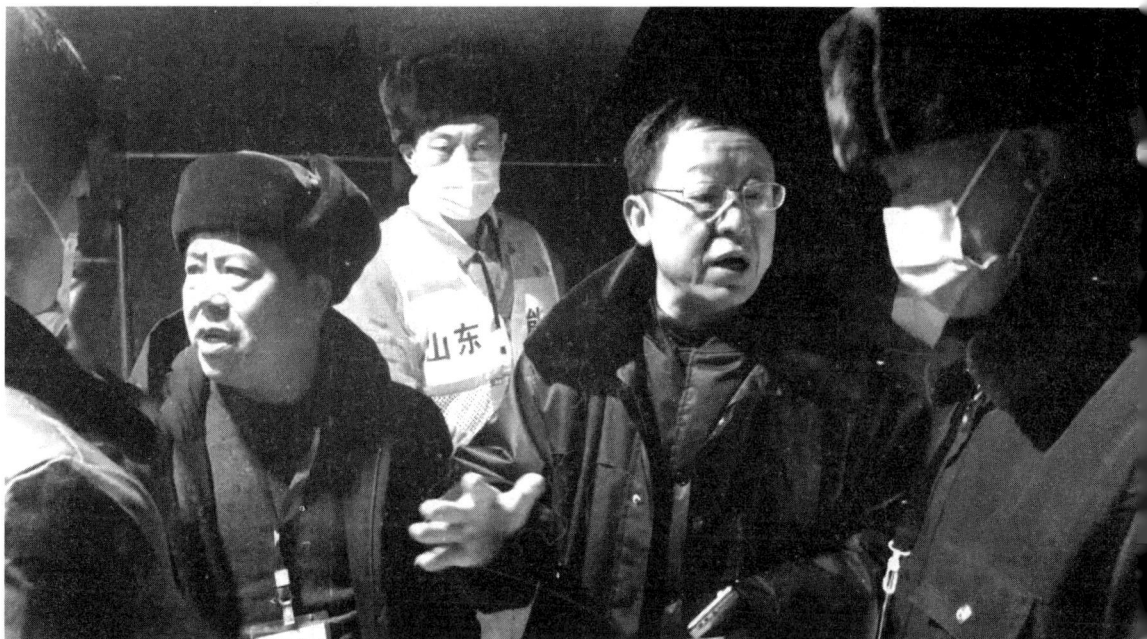

人民的心：山东省栖霞市笏山金矿突然爆炸，正在井下作业的 22 名矿工，被埋在了井下 600 多米的深处。

那段时间，很多人每天守着电视中的救援进展，焦心地数着日子，希望他们都能挺住。

1 月 24 日，在爆炸发生的第 14 天，一名矿工成功升井！接下来的 4 个小时，11 位被困矿工获救。在掌声和欢呼声中，很多人激动落泪。

在这场被称为"教科书式的应急救援"中，我们如果仔细观察电视转播镜头，就能经常看到一位戴着眼镜、穿着厚重棉服的人。

他，就是肖文儒，应急管理部国家安全生产应急救援中心副主任兼总工程师。从事应急救援工作 38 年来，肖文儒指导事故灾难救援 700 多起，助力救出被困人员 1000 余人，被应急救援队员称为"定海神针"。

得知山东省笏山金矿发生爆炸的消息，已经59岁的肖文儒，随应急管理部前方工作组第一时间赶往现场。

两条生命通道，
上演了教科书般的救援奇迹

到了现场，肖文儒发现救援难度远比想象中大：爆炸位置离地面大概600多米，唯一的出入通道被堵得严严实实，如果不能尽快清理出一条逃生通道，井下矿工的生命危在旦夕。

一场与死神赛跑的战役一触即发，肖文儒果断向指挥部建议：在建立逃生通道前，通过钻孔输送给养维持被困人员的生命。

打通钻孔这条生命通道

打通钻孔这条生命通道，就是在和死神抢时间！可谁也没有想到，就在创造生命通道的第 4 天，进度最快的 2 号钻孔发生了卡钻。

现场死一般的寂静。就在这时，肖文儒提出：对进度第二的 3 号钻孔进行测偏。测到 500 多米的时候，发现它已经偏离了井下巷道 7.4 米……此时，其他钻孔打通巷道至少需要 3 天，而人员被困已经整整 6 天了。

就在所有人陷入绝望时，肖文儒突然说了一句话："可以马上纠偏！我已经提前调集了专业纠偏队伍，他们一两个小时就能够到达现场。"所有人都没想到，肖文儒超前部署的纠偏力量，给井下的被困人员抢出了极限时间。

很快，新调来的高性能钻机和定向技术开始对 3 号钻孔进行纠偏透巷工作。

1 月 17 日 13 时 56 分，当 3 号钻"哗"一下终于钻透时，现场所有人都激动地鼓掌、拥抱，这意味着几天几夜的坚持，终于打通了与被困矿工的联系通道！

开始敲击钻杆时，所有人心都悬在了嗓子眼儿，第一次敲，没动静，第二次、第三次还是没动静，当绝望感涌上现场所有救援人员的心头时，肖文儒坚定地喊："敲，继续敲！"当敲到第 9 下的时候，突然传回一点点微弱的声响！"他们还活着！"

生命通道打通后，营养液、药品、衣物源源不断地顺着钻孔送往地下，被困人员通过钻孔传回来了两张纸条，"望救援不停，我们就有希望。""联系不到你们我们就找不到党了。"这两张纸条让所有救援人员百感交集。

没有什么比敲击管道之声更扣人心弦，没有什么比被困矿工传上来的纸条更令人激动不已。

1 月 24 日，矿难发生后的第 14 天，主井通道终于贯通，取得联系的 11 人全部获救！

肖文儒的超前预判、沉着指挥，为这场"地心营救"中的每一步都上了"双保险"。然而，在瞬息万变的关键时刻敢于决断，肖文儒靠的是整整 38 年来直面生死、直面灾难的积累……

"逃生是人的本能，但总要有人站出来，扛下去！"

1983 年，21 岁的肖文儒从山西省雁北地区煤矿学校毕业后，分配到大同矿务局矿山救护大队。当时的煤矿井下生产条件艰苦，大小事故时有发生，在一次又一次的战斗之后，年轻的肖文儒真真切切地认识到了矿山救援实战的残酷。

有一次，一个煤矿采空区着火，肖文儒带领队员们冒着接近人体极限的高温打密闭墙，他们披着稻草编织的袋子，从头到脚全部用水浇透，抱着砖头来来回回数十趟往火里冲。眼前是火海，衣服上却裹着冰水，肖文儒真正体会到了冰火淬炼的滋味……

1987 年 11 月 30 日，一个煤矿发生火灾，井下热浪翻滚，在黑暗的巷道中，队友因为走错了方向，不幸牺牲在了井下……

这是肖文儒第一次直面死亡，牺牲的队友是他亲密无间的战友，他们在同一间办公室工作，每天朝夕相处。队友的牺牲，给他的内心留下了阴影，然而，短短一年后，还未从队友牺牲的阴霾中走出的肖文儒又遭遇了丧亲之痛——身为刑警的四哥，因公牺牲，年仅 29 岁。

母亲坚决反对他继续从事这个"把脑袋别在裤腰带上"的职业。肖文儒也第一次对是否继续坚持这份职业产生了动摇。"怕，怎么会不怕。经常做梦梦见自己在救援现场突然坠落……"

可就在他迷茫之际，一位 80 岁老太太的一句话点醒了他。

1990 年，原大同矿务局雁崖矿突发井下中央变电站着火事故。肖文儒立即带领队员深入井下救援，他们穿过有毒有害气体，成功将被困人员救出。

成功升井后，有一个老太太见人就问："哪个是肖队长？"当老太太找到肖文儒时，立马要给他下跪，老人哭着对他说："是你救出了我的儿子！"

那时的肖文儒还不到 30 岁，那一声声谢谢顿时让他悟透了救援工作的意义，"如果大家都不干，那井下被困的那些人怎么办？那些人背后的家人怎么办？逃生是人的本能，但总要有人站出来，扛下去！"

逆向而行，向险而奔！然而，肖文儒的内心愈发坚定他就愈发深刻地认识到：如果没有科学的救援技术，不仅救不了受困者，连队友们都将置身于危险之中！

每一个精准的判断，都源于对科学的敬畏

2017 年 10 月，辽宁省阜新市万达煤矿发生井下透水事故，

83名矿工被困在井下，当时，已经是矿山救援中心总工程师的肖文儒第一时间奔赴现场。

当听到局部瓦斯达到4%时，所有人的第一反应是惊讶。4%意味着什么？一个火花，一根铁丝的碰撞，哪怕衣服的摩擦都可能发生爆炸！此时，现场所有人的目光都集中到了肖文儒的身上。

肖文儒没有轻易作出判断，而是坚定地对大家说："我要下井去看看！"面对所有人的劝阻，他只说了一句话："事故现场瞬息万变，我自己下去看看才能作出科学的研判分析。"

下井实地勘察后，肖文儒发现情况远比想象的更为复杂，水若不及时排出，83名矿工可能随时因为瓦斯浓度过高而窒息死亡；可若加速排水，又随时可能引起瓦斯爆炸……

在直面生死的关键时刻，肖文儒作了一个大胆的决定：排水与稀释瓦斯浓度同步进行。这样的操作任凭谁心里也没有底，83个人，出了问题怎么办？为了给大家吃一颗定心丸，肖文儒当场拍着胸脯说："别怕，出了问题我负责！"

时间一分一秒地过去，肖文儒一边指挥调整回风系统，一边优化稀释瓦斯方案。所有人都屏气凝神，眼睛死死地盯在瓦斯监测仪上。

20多分钟之后，瓦斯监测仪终于停止了报警，浓度下降到了1%以下。最终，83名矿工成功获救，救援人员无一人伤亡。

在一次次千钧一发的关键时刻，面对生与死的考验，肖文儒的敢于拍板、担当作为，让很多人由衷地夸赞：老肖的

肖文儒

胆子是真大！

　　这样的精准判断出现在多次救援中，作为指挥者和决策者，肖文儒深知，临场的每一个抉择，每一个精准的判断，每一次从没人干过、书本上没有见过的超常规的操作，其实都源于对科学的敬畏，源于长年累月的经验积累，更源于他所投入的超乎寻常的心力与毅力。

　　肖文儒有一个习惯，每一次救援回来，都要完整地分析事故原因，复盘整个救援的过程，对每一个细节都要研究再研究！38年来，他记下的笔记有几十本。

　　他不断总结应急救援经验，组织起草了《矿山救护队资质认证管理规定》《矿山救护培训管理规定》，用制度织密救援人员的"安全网"；由他主编的，浓缩了他38年救援经验的《矿山事故应急救援典型案例及处置要点》更是被广大救援队员誉为应急救援的"宝典"。

　　一本本笔记、一册册书籍，是他用了38年，为这支队伍建设留下的财富；一堂堂课程、一句句叮嘱，是他与所有救援队员约定好的，为了人民的生命，以生命赴使命的逆向奔赴！

为了人民的生命安全不惜一切代价，穷尽一切手段

很多人不知道，肖文儒的心脏放了 3 个支架，在很多人看来，快要退休的他应该做好退居二线的准备了。

可他一刻也不舍得离开一线。

2017 年 6 月，四川茂县突发山体垮塌，他不顾自己血压升高，就着凉水服下降压药依然坚守在现场。

2021 年 4 月，新疆丰源煤矿透水事故，他风餐露宿奋战了一个多月才从救援现场撤离。

整整 38 年，在这个险象环生的战场上，有一点，肖文儒从来没有变过，那就是始终坚持"生命至上、向险而行"；但也有一点，肖文儒是变化的，那就是从事应急救援工作，他和战友们心底的那份信心和底气！

肖文儒曾无比骄傲地说："现在全世界最好的救援设备都在我们中国，我们的队伍已经是世界第一流的！去年，国外发生一起重大事故灾害，需要用到一个大型盾构机，全世界找遍之后发现，一共两台，都在中国！"

在中国，面对事故灾害，没有"救，还是不救"的选择，只有不惜一切代价、想尽一切办法、穷尽一切手段，做到"科学救援、安全救援"！

近年来，我国安全生产形势持续稳定好转，生产安全事

故持续下降。2020 年，取得了新中国成立以来生产安全事故次数和死亡人数历史最低、重特大事故次数和死亡人数历史最低的历史性成绩。截至 2021 年 10 月，全国已连续 25 个月没有发生特别重大事故。

始终坚持"人民至上、生命至上"，这是肖文儒给应急救援人做出的表率，更是中国人在应急救援这张世界考卷上写下的中国答案！

潘东升

1964.09–2021.09

扫码看视频　扫码看公众号

　　福建平潭人，中共党员，生前系福建省公安厅党委委员，福州市人民政府副市长、市公安局局长。他从警37年，始终忠诚履职，拼搏奉献，作为普通民警，他勤勉敬业、吃苦耐劳、屡立战功；走上领导岗位后，仍坚持奋战在工作一线，维护公平正义、守护一方平安。他自觉践行人民公安为人民的根本宗旨，坚持和发展新时代"枫桥经验"，探索科技兴警举措、推进公安"放管服"改革，解决群众"急难愁盼"问题、提升社会治理水平。他从严管理队伍、强化纪律约束，维护民警权益、推行"暖警工程"，锤炼干部过硬作风、凝聚民警信心力量。他严守党纪国法、带头廉洁自律，生活艰苦朴素、注重家教家风，把毕生精力献给了人民公安事业，用一生赤诚践行了共产党员的崇高信仰。2021年9月，因长期超负荷工作，积劳成疾，不幸牺牲，年仅57岁，被追授"全国公安系统一级英雄模范""福建省优秀共产党员"称号。

> 作为人民警察，就是要打击犯罪，护一方平安。

> 只要大家依法依规，秉公执法，组织就是你坚强的后盾。

> 只有个人干净，才有做人的底气、干事的硬气、当警察的正气。

2021 年 9 月 24 日晚，福建省福州市副市长、公安局局长潘东升，在终于忙完手头工作后，抓紧时间给妻子打了个视频电话，然而，就是这一通被各种工作事务打断了 8 次的通话，成了潘东升与妻子最后的话别……

第二天，潘东升在一场重要会议安保维稳的工作岗位上突发疾病，经过几个小时的全力抢救，但他再也没能醒来……

翻开潘东升这一周的日程安排，我们不禁泪目。这位 57 岁的局长，在牺牲前的 7 天里几乎是连轴转无眠无休：35 场重要活动、基层调研、部署节日安保工作、到重要场馆检查安保事项。

9 月 18 日是他的生日，凌晨 2 点他在一线指挥核查警情；就在病倒的前两天，他还在城区看望慰问一线医务人员，调研检查疫情防控工作……

"党员干部就应该冲到一线"

1964 年，潘东升出生在福建平潭的一个海岛渔村。4 个兄弟姐妹中，他排行老二，从小跟爷爷长大。潘东升小时候就非常聪颖，经历过旧社会苦难的爷爷一直教育他：要发愤图强，要好好读书，这样才会有出息，才能成为对国家对社会有用的人！

1980 年，只有 16 岁的潘东升以优异的成绩考上了福州大学计算机系软件专业。在 20 世纪 80 年代，正是国家信息化起步的时候，说学计算机软件这样稀缺专业的大学生是天之骄子一点儿都不夸张，但毕业时潘东升毅然选择成为一名人民警察！

"加入公安队伍，就要准备好站着进来、躺着出去。什么是躺着出去？就是时刻准备着，为党为人民牺牲一切！"这是在 1984 年，20 岁的潘东升第一次穿上警服参加新警培训时，教官对他们说的一句话。

在之后整整 37 年的时间里，潘东升把这句话深深烙在心里。无论身为普通民警还是领导干部，在抢险救灾、重大安保、大要案侦办等急难险重关头，他总是冲在一线。

2016年5月8日，三明市泰宁县池潭村突发泥石流，近10万立方米倾泻而下的土石，瞬间将十几名工人掩埋。

时间就是生命，接到警情后，身为三明市公安局局长的潘东升第一时间奔赴现场。冒着倾盆暴雨，站在仅有两米多宽的山路中央，潘东升手持扩音器，一遍遍声嘶力竭地大喊着："除救援车辆之外，其他车辆一律不得通行！"

在救援的五天四夜里，他与救援人员、参战民警并肩战斗，每天只休息两三个小时，饿了，吃碗泡面、垫个馒头；困了，在车上眯一会儿。在没过膝盖深的泥浆中，他跑前跑后，沾满了泥浆与汗水的衣服湿了又干、干了又湿。潘东升的言行

2018年4月9日，潘东升（前排左一）在一线指导首届数字中国建设峰会安保工作

感染着现场每一名救援人员。

正是他的果敢坚决，正是他的一线指挥，为救援赢得了宝贵时间，也带动了救援工作有序开展。

民警们说："潘局最常说的一句话是'党员干部就应该冲到一线'。"从泥石流的抢险救灾中心，到抗击"尼伯特"台风的救援一线，再到台江排尾重大火灾现场……身为局长的潘东升一定是冲在最前面，永远是与民警们一起并肩作战！

"作为人民警察，就是要打击犯罪，护一方平安"

2016年6月，潘东升刚调任福州市公安局局长，他在调研中发现，福州市区"两抢"案件高发，而且多是抓捕难度极大的飞车抢夺。从警多年的潘东升深知，这种路面抢夺对老百姓的幸福感、安全感伤害最大。

"作为人民警察，就是要打击犯罪，护一方平安。严打'两抢'，提升破案率！"潘东升当即提出，抽调刑侦、图侦等多个警种精英骨干建立合成侦查中心，誓以最快的速度，最高的效率，对暴力犯罪进行根本性打击！

然而，"合成"在当时还是一个新颖的理念，想要融合不同警种成立合成侦查中心，无论人心还是制度，都可谓困难重重。

可潘东升却十分坚定，他一次次向各级领导汇报请示，在他的坚持与推动下，由56人组成的福建第一个合成侦查中心成立了。

合成侦查中心能否"药到病除"？

2017 年 5 月 31 日晚 10 时，一位女性在自动取款机取钱时，被嫌疑人持刀抢劫。收到警情后，各警种第一时间同时开展工作，侦查员对周边进行调查访问，图侦员开展视频侦查，专业技术警种开始技术研判分析……不到 10 个小时，犯罪嫌疑人即被抓获。

合成侦查中心成立后，再不是一个警种几个警察单打独斗，而是一群人、一整套专业队伍共同分析研判，锁定目标。与 2015 年相比，2021 年 1 月至 10 月，福州全市"两抢"破案率由 35.2% 上升至 100%，案发量下降了 96.9%。

为了守护好老百姓的幸福安宁，潘东升以深厚的专业素养，锲而不舍的决心，毫不手软的作风，对犯罪行为给予最坚决打击。

2017 年下半年，福州警方陆续接到群众报案，因为深受"套路贷"之害，有人卖房还清债务，有人甚至被逼跳楼自杀……

潘东升在会上掷地有声地说："这种新型犯罪丧尽天良，公安机关一定要为民除害，绝不手软！"但是，当时打击套路贷困难重重，面对法律滞后、取证困难的情况，潘东升亲自坐镇、亲自指挥。

涉黑组织经济实力雄厚，社会背景复杂，手段残忍，办案时，有些民警难免会有所顾忌。潘东升坚定地说："你是共产党员吗？是共产党员就得干！只要大家依法依规，秉公执法，组织就是你坚强的后盾。"

专案组经过缜密侦查，一举成功打掉了涉案 10 亿、成员近 70 人的套路贷涉黑团伙。

自从 2019 年扫黑除恶专项斗争开展以来，潘东升带领福州公安打掉涉黑组织 35 个、恶势力犯罪集团（团伙）169 个！

"要牢记'人民警察'的前面是'人民'二字"

2014 年，潘东升来到三明市公安局任职后，发现很多骑电动车的市民不戴安全帽，他就一直对民警们说，"处罚不是目的，一定要帮助群众把安全帽戴好"。

三明市市民邹满生至今还清楚地记得，2015 年夏天，他骑摩托车出来忘戴安全帽，让他意外的是，执勤民警不但没有扣分罚钱，而是拿过来一个安全帽让他戴上。

"我一个江西人在三明打拼了 30 多年，那一瞬间我就觉得这个城市很温暖，这位公安局局长心很细、很贴心……"

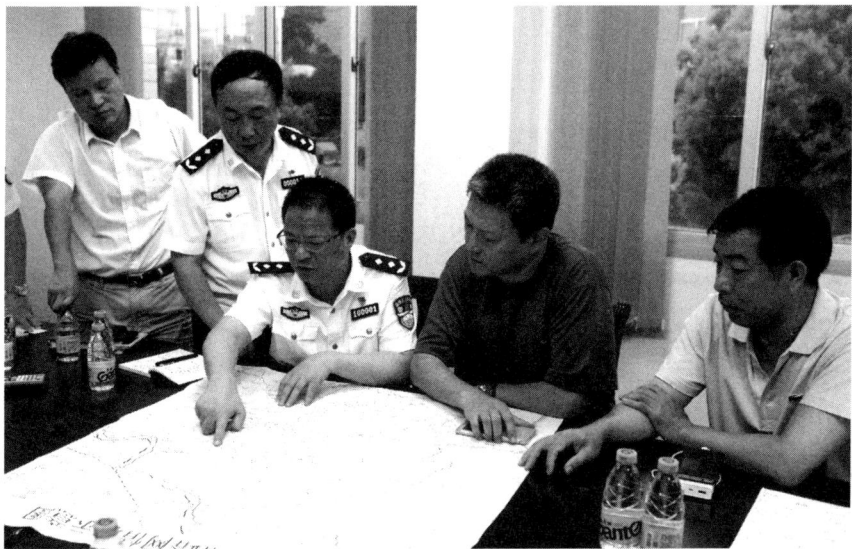

潘东升局长（左三）着力提升群众出行通畅度

2016 年，福州市早晚高峰时段，平均车速仅有每小时 24 公里。潘东升非常清楚，若能提升老百姓出行的通畅度，就是直接提升生活的幸福度。

学计算机出身的他提出了给全市的信号灯画一张"智能地图"。在他的推动下，"智慧交管平台"上线，福州市 80% 以上路口实现绿波通行，老百姓切切实实感受到了出行的便利。

为给老百姓解决实际的困难，潘东升的目光又放到了老百姓非常头疼的"办证难"的问题中，为了能推动建立一个串联所有民生数据的"省市一体化云平台"，他拎着包跑各个职能单位，一家一家地阐述解释。

2021 年，"省市一体化云平台"系统上线，努力实现了让群众"一趟不用跑、最多跑一趟"。

潘东升常常说，群众的事，再小也是大事！

2019 年 1 月 24 日，潘东升局长（左二）在福州市公安局信访室接待来访群众

他创新推出了"办不成事"窗口，亲自和群众面对面，处理智能化系统难以解决的问题。

2018年2月，在局长接待日，市民林少珍见到了潘东升。她着急地说："我为的就是一件事，想把我身份证上的出生日期改回来。这直接影响了我的退休金。"

其实，林少珍并没有抱太多希望，身份证年龄写错这件事，多年来一直未能解决。但让她没想到的是，潘东升对她说，一定能解决。短短一个月，她就拿到了新的身份证。

从未谋面的两个人，因为一顶安全帽发生了情感的连接；只见过一次的两个人，因为一张身份证建立了信任。潘东升一次次带给人民群众的温暖，一次次为老百姓办实事好事，其实就是他心怀百姓的温度，就是他时刻牢记"人民警察"的前面是"人民"二字的初心！

"干净是对党最大的忠诚"

潘东升一直讲："只有个人干净，才有做人的底气、干事的硬气、当警察的正气。"

他不抽烟，也不参加应酬，多次在福州市公安局的大小会议上，向全市3万多民警辅警表态："你们无论在哪一个应酬上看到我，都可以直接上来打我两巴掌！"

工作中的潘东升从严治警、铁面无私，但是对待基层民警却充满温情、心细如发。他大力推进实施暖警工程，解决警察的职级晋升，提高警察待遇，推进民警补充医疗保险工作……

他常说，"民警都是我的家人"。民警们说起潘东升，年龄相仿的说他像兄弟，年纪小的说他像父亲……

在自己的家人眼中，潘东升更是一个好丈夫、好父亲。妻子袁秋榕说："再晚他也会回家吃饭，经常牵着我的手在小区散步。"儿子潘键民说："尽管早出晚归，经常加班，可是爸爸非常爱这个家，常年如一日单位和家里两点一线。"

然而，长期的高压高强度工作严重透支了潘东升的健康。2018 年 6 月 26 日，他接受肺部手术，切掉的肺有半个拳头大小。术后仅 7 天，他就出现在警情分析会上……

2021 年 9 月 10 日，福建发生本土疫情。潘东升第一时间带队研究处置涉疫警情，快速侦办涉疫案件，开通涉疫物资运输快速通道，检查隔离医疗场所巡防勤务，看望一线医护人员……

9 月 25 日，疫情慢慢控制住了，潘东升却累倒了。

他牺牲的消息传开后，悲痛萦绕着福州城。出殡当天，数万老百姓早早等候，有的人手捧白花，长跪不起；有的人拉着自带的横幅，哽咽地喊着"潘局，一路走好"……

一个人深爱一座城，一座城送别一个人。无数认识或不认识他的老百姓，在朋友圈里用自己的方式，送别这位一心为公、鞠躬尽瘁的人民公仆、人民警察。

潘东升走后大家才发现，他那个用了 30 多年，早已磨破了边的钱包里，放着一张泛黄的照片，那是他儿子 5 岁时一家三口的合影；他的衣柜里，除了警服还是警服，白衬衣的衣领都磨破了，背心是让妻子一次次缝补过的，唯一 一套崭新的西装，是今年要参加儿子婚礼才买的……

在一次主题党日活动的留言簿上，大家看到潘东升写下这样一行字：永葆对党的无限忠诚！

直到他离开了，大家才终于认识到，在指挥调度中心最后一排那把空空如也的椅子上，再也看不到潘局长，再也看不到他坐在那儿，看着大屏幕上滚动的警情摘要，皱着眉头若有所思的样子……

37年，潘东升用一生的奋斗，用他的正直与善良、用他的热血与生命，兑现了自己对党、对这身警服、对人民警察这一庄严称谓的铮铮誓言！

一切为了人民，一生别无所求。

海军航空大学某基地舰载机飞行教官群体

　　海军航空大学某基地舰载机飞行教官群体担负着培养舰载机飞行人才的艰巨任务。该群体始终牢记党和人民的期望重托，矢志投身舰载机飞行人才培养事业，以战领训、为战育人，探索出一条具有我军特色的舰载机飞行人才培养新路，为部队培养输送了一大批舰载机飞行员。群体中6人荣立一等功、数十人次荣立二等功，涌现出全国优秀共产党员、中国青年五四奖章获得者、全军备战标兵个人等先进典型。

> "
>
> 　　不管付出多大代价，舰载机上舰的前进脚步决不能停，我愿意成为第一个人。
>
> "

> "
>
> 　　只有我们这一代人把标准建立起来，新一代飞行员才能站在更高起点上去和世界一流海军抗衡。
>
> "

　　2012 年 11 月 23 日，中国渤海某海域发生了一件惊心动魄的大事……

　　上午 9 时 08 分，伴随着巨大的发动机轰鸣声，英雄试飞员戴明盟驾驶的歼 -15 战机从海天之间呼啸而来。眨眼间，舰载机两个主轮在接触到航母甲板的瞬间，战机尾钩牢牢挂住拦阻索，稳稳地画出了一个巨大的"V"字。时速 200 多公里，只有 200 多米的甲板，最后要非常精准地挂在一个点上，说是在"刀尖起舞"毫不夸张。

　　歼 -15 稳稳降落在辽宁舰的这一刻，意味着中国航母舰载机飞行员实现了从"0"到"1"的突破，更意味着中国航母正式开启了真正具备战斗力的新征程！

在这激动人心的时刻，远在南海一线作战部队的海军航空兵飞行员张超正与战友们一起围在电视机旁激动得热泪盈眶；而远在几千公里外的北京，飞行员孙宝嵩、王勇、杨勇等人，正在接受航母舰载机飞行员选拔的体检。

从那一天起，一项伟大的历史使命和一个意义深远的时代重托，落在他们肩上。

从零开始，成为真正的舰载机飞行员；从零开始，用最短的时间把自己打造成舰载机"种子"教官，为中国航母培育更多的"刀尖舞者"。这，注定是一场史无前例的"拓荒

舰载机飞行员

之旅"……

就算付出生命的代价，
也要飞向更远的海、更深的蓝

舰载机飞行员是世界上公认的高危职业之一，被称为"刀尖上的舞者"。选择成为"刀尖上的舞者"，孙宝嵩、王勇、杨勇、张超、艾群……他们当然明白其中的危险。

陆基飞行，战机减速后才稳稳降落，舰载飞行，舰载机却要在时速 200 多公里瞬间减至 0，近似于一场"人为坠机"。不仅之前的飞行经验用不上，每个人都十分清楚，若想从千里之外瞄准像一张邮票般大小的航母，并精准地挂上拦阻索，这需要在降落的数十秒内完成上百个动作，而做到这一切的前提，只有一个字：练!

正当整个团队信心百倍地朝着真正在航母上起降的梦想越来越近时，他们却突然遭遇了一段至暗经历。

2016 年 4 月 6 日，在歼 -15 战机训练任务中，曹先建所驾驶的战机突然失去控制。生死关头，他的本能反应是挽救战机，几次操作无效之后，错失了逃生时机，他重重地砸在了海面上。这次事故导致曹先建腰椎爆裂性骨折，胸椎、尾椎等严重损伤。现实没有留给队友们太多时间去悲伤，带着沉重的心情，他们再次投入紧张的训练之中。可谁也没有想到，短短 21 天之后，一场更大的灾难突然降临……

2016 年 4 月 27 日，张超驾驶战机着陆时，机头突然失控上仰，飞机瞬间离开地面。危急时刻，张超想的同样是挽救

张超

战机，但不幸以身殉职。

王勇是眼睁睁看着张超摔在自己眼前的，艾群更是无法接受这一事实，"每天我们两个兄弟一起出门，突然有一天只有我自己回到宿舍，却没把弟弟带回来……"

眼看着就要发起最后的冲锋，可现在一切都变成了未知数。曹先建和张超的遭遇如乌云一般笼罩着团队。团队停飞一个多月了，如果任由负面情绪蔓延，队伍将很难再站起来。

"不管付出多大代价，舰载机上舰的前进脚步决不能停，我愿意成为第一个人。"在相关部门完成技术调查和论证后，团队骨干孙宝嵩决定带头飞行。他驾驶战机冲上云霄，推杆，调整弓角，飞机沿着标准下滑线呼啸而过。

这次飞行，重新点燃了团队的信心！

"张超倒在了成功前的最后几步上，我们必须完成他没能完成的使命！"2016年8月，战友们带着张超的遗物，驾驶着歼-15在辽宁舰起飞！那一天，他们成功通过了航母起降着舰资质认证；那一天，他们终于成了合格的舰载战斗机飞行员；那一天，张超的室友艾群走下悬梯后泪流满面，他从口袋掏出张超生前用过的手电筒，激动地说："兄弟，我

曹先建

们着舰了。"更让大家备受鼓舞的是，身负重伤的曹先建，在经历 419 天的康复和训练之后，创造了只有中国军人才能创造的奇迹，他以顽强的毅力和绝不服输的战斗品质，成功在辽宁舰起落，与战友们继续并肩作战。

忠诚、无畏，披荆斩棘，共和国第一批舰载战斗机飞行员们，创造了属于他们的历史与荣光，他们即将开启的是另一段伟大光荣的新征程！

"时代选择了我们，我们决不能辜负这个时代"

2018 年 4 月 12 日，中央军委在南海海域隆重举行新中国历史上规模最大的海上阅兵。那一天，48 艘战舰整齐列阵，76 架战机搏击海天，10000 余名官兵雄姿英发。中央军委主席习近平在阅兵式发出了"全面建成世界一流海军"的动员令。

飞行教官团队组建大会上，王勇从戴明盟手中接过沉甸甸的军旗。张超的战友们，这群"刀尖舞者"们明白，共和国要他们成为在刀尖上领舞的人，他们就必须把自己锻造成王牌中的王牌，刀尖上的刀尖！

组建之初，他们坚持边训练、边总结，每天下了训练场就上另一个"战场"：丁阳、曹先建等教官"客串"训练参谋，从最基础的训练计划开始逐级完善；祝志强、罗胡立丹、杨勇等教官担任课目负责人，逐个专业攻关破难；王勇、艾群等教官针对桥梁、风车、电线杆等可能危及低空飞行安全的障碍物，逐一进行标注，精准测算每个数据，终于形成一条安全科学的低空航线……

为确保编写教范资料的科学性和准确性，他们常常为了一个数据而一次次激烈争论，甚至吵得不可开交。为了精确测算出飞机的极限性能和数据，他们更是亲自挑战边界条件的飞行。

"只有我们这一代人把标准建立起来，新一代飞行员才能站在更高起点上去和世界一流海军抗衡。"正是靠着这股咬定目标不放松的韧劲，正是靠着搏击海天的血性担当和"拎着脑袋干事业"的英勇无畏，他们在短短几年的时间里，先后制订多种大纲教范，规范组训流程，开展培养模式研究，攻关空域精细化管理等重难点任务，将一个个"首次"和"第一"写进航母舰载飞行事业的大事记里：舰载战斗机飞行员培养时间大幅缩短，舰载战斗机飞行员生长路径、培养链路全面贯通，飞行员教官群体闯出了一条属于中国自己的舰载机人才发展之路。

升空就是作战，起飞就是迎敌

教官丁阳经常挂在嘴边的一句话是："练兵备战容不得

半点儿马虎，我们练的标准只有一个，就是完美！"最让丁阳感动的是，为了无限接近完美的目标，学员们都非常努力，早上四五点钟，模拟器前面就经常排长队了，还有人晚上抱着被子过来"飞"的。模拟机油门连接处的部位，正常使用周期是三年，但在这里几个月就得换一次。不止丁阳，很多教官都非常感慨：我们为舰载机事业拼尽全力的时候，年轻人同样也在拼命地练，拼命地追。

王勇是学员们口中出了名的"黑面教官"，学员在飞行上的任何问题，哪怕是毫厘偏差也难逃他的眼睛。

2019 年，在陆基着舰的一次训练过程中，学员张宇亮手上一个下意识的细微动作，被王勇严肃地指出来："在战斗中，毫米级的偏差，可能造成的就是灾难性的后果！"

王勇

孙宝嵩

之后，张宇亮迎来了人生的第二次高考——昼间航母起降资质认证。接过认证证书的那一刻，王勇拍拍他的肩膀，说："欢迎加入尾钩俱乐部！"然而，王勇比任何人都更清楚，"成为舰载机飞行员还不等于战斗员"，从能上舰到能真正打仗，还有很长的路要走。

飞出"战味"，必须将实战思维融入每个课目、每个架次、每个动作中。在训练过程中，大家始终坚持一个理念："升空就是作战，起飞就是迎敌！"

在一次航线课目训练中，一名学员驾驶战机刚起飞不久，海上雾气越来越浓。想到实战不会有预演，学员们必须学会处理突发情况，孙宝嵩当即决定改换训练课目，下令"转入复杂气象训练课目"。

近年来，钻山沟、低空突防……这些实战化课目，相继出现在训练场上。在一步步迈向打赢的征程中，教官们不断播撒着实战的"种子"，在"刀尖"磨砺"尖刀"，在"和平"准备"战斗"！

从陆基到舰基，从单机到编队，从近海到远海，今天，

舰载机起飞

中国的舰载机飞行人才队伍以一种加速度的方式壮大发展着，航母"尾钩俱乐部"的照片墙上，从最初的 5 张照片，到现在密密麻麻挂满整面墙。在这条饱含汗水、泪水、血水的追梦之路上，这个群体日益年轻化。

把使命扛在肩上，让梦想照进现实，这群飞行教官如同利箭一般，正带领着越来越多的"刀尖舞者"守护在海空一线，翱翔在远海大洋，不断向新的领域发起冲锋。

向海而兴，背海而衰，碧蓝的大海见证了他们一路走来；不忘初心，砥砺前行，即便前路充满艰险，他们仍无所畏惧、勇往直前！

让我们记住这群在海天之上乘风破浪的身影，他们是书写奇迹的舰载战斗机飞行教官群体，是为战育人的奋斗团队，更是叱咤海天的"飞鲨勇士"！